MEWN LLES

GWEDDïO
Llawlyfr Defosiwn Wythnosol
1998

PRIS—£2.50

Y SWYDDFA GENHADOL
UNDEB YR ANNIBYNWYR CYMRAEG
TŶ JOHN PENRI
11 HEOL SANT HELEN, ABERTAWE

ISBN 1-87199-28-7

Argraffwyd gan Wasg John Penri, Abertawe

CYFLWYNIAD

'Mewn Llestri Pridd' oedd dewis y Parchg. F.M. Jones, a wahoddwyd yn brif awdur, fel teitl i'r Llawlyfr Gweddïo hwn ar gyfer 1998. Ymgais sydd ynddo i fyfyrio o'r newydd uwch ben rhai o hanesion y Beibl. A gwahoddodd yr awdur ato nifer o gyfeillion eraill i rannu yn y myfyrdod. Y mae enwau'r cyfeillion eraill hynny, fel enw'r prif awdur–sydd yn Llywydd Undeb yr Annibynwyr Cymraeg ym 1997-98–yn enwau cyfarwydd yn ein Cymru ni. Y cyfeillion hynny yw'r Parchg. Ddr. Vivian Jones, y Parchg. Dan Ifan Davies, y Parchg. Meirion Evans, y Parchg. T.J. Irfon Evans, y Parchg. Maurice Loader, Mr. Dafydd Iwan, a Mr. Alun Ffred Jones.

Wrth ddiolch am eu cyfraniadau, diolchwn hefyd i'r cyfeillion o Eglwys Bresbyteraidd Cymru a luniodd y gweddïau sydd yn yr Atodiad: y Parchg. John Owen, y Parchg. Pryderi Llwyd Jones, y Parchg. Gwenda Richards, a'r Parchg. Lona Roberts. Hyderwn y gwêl unigolion ac eglwysi'n dda i ddefnyddio'r Llawlyfr, a'i gael y tro hwn eto yn gymorth i addoliad cyhoeddus ac i ddefosiwn personol a derbyn bendith o wneud hynny.

Yr wyf yn ddyledus i'm hysgrifenyddes yn y Swyddfa Genhadol, Mrs. Delyth M. Evans, am eich chymorth a'i chefnogaeth wrth baratoi'r Llawlyfr, i Mr. Pryderi Llyr ab Ioan Gruffydd am gynllunio'r clawr, ac i Mr. Elfryn Thomas, a'i gydweithwyr yng Ngwasg John Penri, am eu cymorth a'u gofal arferol gyda'r argraffu. Y mae hefyd lu o gyfeillion ym mhob cwr o Gymru sy'n barod, flwyddyn ar ôl blwyddyn, i ddwyn y Llawlyfr Gweddïo i sylw'r eglwysi a chynorthwyo i'w werthu. Diolch iddynt. A diolch i'r rhai sy'n prynu ac yn defnyddio'r llyfr yn flynyddol ac yn cael budd a bendith ohono. Bu'n fraint i minnau unwaith eto i gael rhan yn ei olygu a'i baratoi.

IOAN W. GRUFFYDD

Y Swyddfa Genhadol
Tŷ John Penri
11 Heol Sant Helen
Abertawe SA1 4AL

Yr Awduron

Y Parchg. Dan Ifan Davies
Brodor o'r Borth, Ceredigion. Ar ôl derbyn hyfforddiant yng Ngholeg Bala-Bangor, a Choleg Prifysgol Cymru, bu'n weinidog gyda'r Annibynwyr oddi ar 1954 hyd ei ymddeoliad yn Sardis, Trimsaran.

Y Parchg. T.J. Irfon Evans
Brodor o Lanellli. Ar ôl derbyn hyfforddiant yng Ngholeg Aberhonddu, derbyniodd alwad ym 1952 i fod yn weinidog gyda'r Annibynwyr yng Nghapel Isaac, Llanarthne a Phenyrheol. Bu wedyn yn gweinidogaethu ym Mynydd Seion, Ponciau, yn Nhrewen, Bethesda a Bryngwyn yng Ngheredigion, yn Jerwsalem a Hyfrydfa, Blaenau Ffestiniog, yn Llanbadarn-fawr a'r cylch, ac yn ei ofalaeth bresennol yn ardal Ty'nygwndwn, Troedyrhiw a Nebo.

Y Parchg. Meirion Evans
Brodor o'r Felindre, ger Abertawe. Ar ôl hyfforddiant yng Ngholeg Bala-Bangor, derbyniodd alwad ym 1955 i fod yn weinidog gyda'r Annibynwyr yn Llechryd a'r cylch. Bu'n gweinidogaethu wedi hynny yn Soar, Pen-y-groes, Arfon, cyn mynd ym 1966 i Jerwsalem, Pen-bre. Y mae'n sgriptiwr ac yn brifardd cenedlaethol, wedi ennill y Goron yn Eisteddfod Genedlaethol Caernarfon ym 1979.

Dafydd Iwan
Brodor o Frynaman, ac a faged wedi hynny yn Llanuwchllyn—ardaloedd lle'r oedd ei dad, y Parchg. Gerallt Jones, yn weinidog gyda'r Annibynwyr. Derbyniodd hyfforddiant ym Mhrifysgol Aberystwyth, a Choleg Pensaernïaeth Cymru yng Nghaerdydd. Y mae'n gyfansoddwr caneuon, a bu'n ffigwr amlwg ym myd canu Cymru ers y 1960au. Ym 1969, sefydlodd ef a Huw Jones Gwmni Sain, ac y mae ef bellach yn Reolwr-Gyfarwyddwr y cwmni hwnnw yn Llandwrog, ger Caernarfon. Yn barod iawn ei wasanaeth fel pregethwr.

Alun Ffred Jones
Brodor o Frynaman a Llanuwchllyn wedi hynny, fel ei frawd, Dafydd Iwan. Derbyniodd hyfforddiant yng Ngholeg y Brifysgol ym Mangor. Ar ôl cyfnod fel athro—yn Queensferry ac Ysgol Alun, Yr Wyddgrug—aeth i fyd y teledu. Ymddiddora'n fawr yn y ddrama. Ym 1982 ymunodd â Ffilmiau'r Nant yng Nghaernarfon, ac y mae'n gyfarwyddwr y cwmni. Un o ddiaconiaid Eglwys yr Annibynwyr yn Soar, Pen-y-groes.

Y Parchg. Frederick Morris Jones
Brodor o Dal-y-bont, Ceredigion, lle'r oedd ei dad, y Parchg. Fred Jones, un o deulu'r Cilie, yn weinidog gyda'r Annibynwyr. Ar ôl hyfforddiant yng Ngholeg Bala-Bangor, a Choleg y Brifysgol, derbyniodd alwad ym 1953 i weinidogaethu yn Antioch a Phen-y-groes, Sir Benfro. Cafodd ei ddenu i Abertawe ym 1968 i ofal Eglwys Ebeneser, ac Ebeneser Newydd, Stryd

Henrietta, wedi hynny yn dilyn uno'r ddwy gynulleifa. Yno y bu hyd ei ymddeoliad ym 1995. Dewiswyd ef yn Llywydd Undeb yr Annibynwyr ym 1997-98.

Y Parchg. Pryderi Llwyd Jones
Brodor o'r Ffôr, ger Pwllheli. Derbyniodd hyfforddiant ym Mangor a Chaeredin. Treuliodd gyfnod ym myd diwydiant, cyn derbyn galwad ym 1968 i ofalaeth y Presbyteriaid ym Maesteg a'r cylch. Symudodd oddi yno i fod yn weinidog yn Wrecsam, cyn mynd ym 1989 i'w ofalaeth bresennol yng Nghapel y Morfa, Aberystwyth.

Y Parchg. Ddr. Vivian Jones
Brodor o'r Garnant, a Llwynhendy, ger Llanelli, wedi hynny. Derbyniodd hyfforddiant yng Ngholeg Bala-Bangor, a Choleg y Brifysgol (ac yn ddiweddarach yn Princeton). Derbyniodd alwad ym 1955 i'r Onllwyn ac wedyn i Bentre-estyll, Abertawe. Aeth oddi yno i'r Alltwen, a symud ym 1980 hyd ei ymddeoliad i Plymouth, Minneapolis, Unol Daleithiau'r America, lle'r anrhydeddwyd ef â Doethuriaeth.

Y Parchg. Maurice Loader
Brodor o gyffiniau'r Wyddgrug. Derbyniodd hyfforddiant yng Ngholeg Caerfyrddin, a Choleg y Brifysgol. Derbyniodd alwad i fod yn weinidog yr Annibynwyr yn Hermon, Brynaman ym 1955, ac wedi hynny yn Llangennech. Treuliodd rai blynyddoedd yn Athro yn y Coleg Coffa yn Abertawe, cyn symud ym 1975 i fod yn weinidog Capel Als, Llanelli, lle bu hyd ei ymddeoliad. Ef oedd Llywydd Undeb yr Annibynwyr Cymraeg ym 1988-89.

Y Parchg. John Owen
Brodor o Dregaian, ger Llangefni. Derbyniodd hyfforddiant yn y Coleg Diwinyddol Unedig yn Aberystwyth, ac ym Mhrifysgol Gogledd Cymru, Bangor. Derbyniodd alwad ym 1964 i ofalaeth y Presbyteriaid yn Llanberis. Symudodd wedyn i'w ofalaeth bresennol yng nghylch Rhuthun ym 1977. Ymddiddora'n fawr ym myd y ddrama.

Y Parchg. Gwenda Richards
Brodor o Gaernarfon. Cafodd ei hyfforddi'n athrawes, a bu'n athrawes am rai blynyddoedd yng Nghaernarfon. Yn dilyn hyfforddiant pellach yn Aberystwyth, derbyniodd alwad ym 1987 i ofalaeth eglwys y Tabernacl, Porthmadog. Oddi ar 1996, mae'n gyd-weinidog a'i phriod, y Parchg. Ddr. Elwyn Richards, yng Nghapel y Porth, Porthmadog.

Y Parchg. Lona Roberts
Brodor o Gaerdydd. Derbyniodd hyfforddiant yng Nghaerdydd fel Gweithiwr Cymdeithasol, a phenodwyd hi i'r swydd honno yn Ysbyty Brenhinol Gwent yng Nghasnewydd. Derbyniodd hyfforddiant diwinyddol yn y Coleg Diwinyddol Unedig yn Aberystwyth yn ddiweddarach, ac ordeiniwyd hi ym 1984 fel gweinidog gyda'r Presbyteriaid yn ardal Y Porth, Y Rhondda.

CYNNWYS

Ionawr
- 4   I bob un sy'n ffyddlon   8
- 11   Colli ffydd   9
- 18   Wynebu Pharo newydd   10
- 25   Gweithredu creadigol   11

Chwefror
- 1   Gair o blaid pechaduriaid   12
- 8   Antioch   13
- 15   Creadur newydd   14
- 22   Craig yr Enwau   15

Mawrth
- 1   Hwsmonaeth Dewi   16
- 8   'Gwinllan a roddwyd i'm gofal'   17
- 15   Achub cenedl   18
- 22   Cyfoethogi bywyd   19
- 29   Dau Symlrwydd   20

Ebrill
- 5   Ymdaith fuddugoliaethus   21
- 12   Ble mae Iesu?   22
- 19   Rhoi lle i'r dieithryn   23
- 26   Y gwir yn hardd   24

Mai
- 3   Bara'r bywyd   25
- 10   Wele fi   26
- 17   Syched yn Samaria   27
- 24   Tyndra   28
- 31   Dylanwad y Pentecost–Erlid   29

Mehefin
- 7   Proffwyd mewn pydew   30
- 14   Nesáu at Dduw   31
- 21   Drama   32
- 28   Dafydd yn lladd Goliath   33

Gorffennaf
- 5   Yr Hen a'r Ifanc   34
- 12   Y cadarn goncrit   35
- 19   Heb ei fai   36
- 26   Pethau i'w gwneud drosom ein hunain   37

Awst	2	Caru drwy ollwng gafael	38
	9	Clywed yr hyn sy'n lles i ni	39
	16	Mentro dweud a gwneud	40
	23	Y moddion	41
	30	Gwrando'r meini	42
Medi	6	Duw a digon	43
	13	Galwad	44
	20	Duw yr heliwr	45
	27	Beth arall sydd gennyf?	46
Hydref	4	Mab y fföedigaeth	47
	11	Diniweidrwydd	48
	18	Diolchgarwch	49
	25	Yr ifanc a gwaith Duw	50
Tachwedd	1	Prynu maes	51
	8	Byw fel brenin	52
	15	Cael cyffwrdd	53
	22	Gweddnewid drwy gariad	54
	29	Y ffordd agored	55
Rhagfyr	6	Disgwyl	56
	13	Diolch a dathlu	57
	20	Ffolineb a doethineb pobl glyfar	58
	27	Nac oer na brwd	59

ATODIAD GWEDDIAU

Ar Ddechrau Blwyddyn	62
Ar Ddydd Gŵyl Ddewi	64
Ar Ŵyl y Sulgwyn	66
Ar Gyfer y Nadolig	68

Ionawr 4: I BOB UN SY'N FFYDDLON

Genesis 22:1-19; Ioan 1:29; Rhufeiniaid 1:5; Hebreaid 11:9

Y mae stori yn ffynnon o bleser i blant. Y mae cael clywed yr un stori trosodd a throsodd yn ychwanegu at ei blas, yr un fath â chawl eil-dwym. Gwae'r storiwr sy'n anwybyddu'r un manylyn bach o'r stori fythol newydd honno. Y mae hyn yn un o bleserau pobl y Ffydd hefyd–fel tae rhyw ddaioni a diogelwch yn cau amdanyn' nhw wrth wrando'r hen, hen hanesion.

O! mor faith, ac mor gyfoethog o fanwl ydi hynt a helynt Abraham a'i wraig Sara ddi-blant. Abraham, unwaith pan oedd mewn argyfwng person-ol, yn cyflwyno'i wraig fel chwaer iddo! Rhyw gelwydd bach 'gwyn' i geisio osgoi niwed iddo'i hun.

Stori ofnadwy ydi honno am y modd y rhoddodd Duw Abraham ar brawf trwy orchymyn iddo offrymu Isaac yn aberth. Isaac! o bawb yn y byd. Gwyrth o groth anial Sara oedd Isaac. Ac wele'r hen bechadur a'r crwt bach ynghyd yn ymadael i gyfeiriad yr allor. 'Ble mae'r aberth, nhad?' gofynnai Isaac, 'Mae Duw yn trefnu aberth,' medd ei dad wrtho. Fe glymwyd Isaac ar y coed, a chododd ei dad y gyllell. 'Paid â gosod dy law ar y bachgen, oherwydd gwn yn awr dy fod yn ofni Duw' medd y llais.

Wedi cael clywed unwaith eto fod Isaac, y crwt bach, yn ddiogel yn y stori, y mae llygaid y plentyn yn cau yn dawel. Eithr ni huna ac ni chwsg Ceidwad Israel.

Ataliwch eich llaw rhag niweidio neb yn enw Duw a Thad ein Harglwydd Iesu Grist.

Gweddi:
Dduw a Thad truagarog a graslon,
ar ddechrau Blwyddyn Newydd,
gwêl y plant sydd ar eu ffordd
tuag at allorau gwaed ein byd heddiw.
Fe glywn ni lais yn galw arnom
i atal ein llaw rhag niweidio'r diniwed.
Diolch i ti am ddod atom yng Nghrist,
ac am i ti yn ei glwyfau ef ein hachub ninnau.
Hoff gennym ddweud mai
'segurdod yw clod y cledd
a rhwd yw ei anrhydedd.
Diolch am 'drefn y cadw.'
Amen.

Ionawr 11: COLLI FFYDD

Marc 4:35-41
'Athro, a wyt ti heb hidio dim ei bod ar ben arnom?' (adn. 38)

Golygfa drist yw gweld dynion yn eu hoed a'u hamser yn colli'u nerf. A thristach fyth eu gweld wedyn yn troi eu llid ar gyfaill a fu'n gymaint o gefn iddynt. Dyna gawn ni yma, y morwyr profiadol, bron na ddwedwn ni eu bod yn rhyfygus yn eu hunan-gred, yn hen gyfarwydd â herio stormydd anwadal Môr Galilea. Caent hŵyl am ben y rhai gwannach eu calon pan godai'r gwynt yn ddi-rybudd. Onid oeddent wedi gweld y cyfan ganwaith o'r blaen? Onid oeddent yn giamstars ar drin eu cychod yn nannedd y gwaethaf y gallai corwyntoedd Galilea ei daflu atynt?

Ond y tro hwn, peidiodd y chwerthin, a diflannodd hyder y morwyr dewr eu bron. Ac wrth i'r cwch lenwi ar eu gwaetha, ac i'r storm gynnyddu'n ddi-drugaredd, troesant i chwilio am eu cyfaill triw. Ble'r oedd e pan oedd ei angen ef arnyn nhw? Yn dal i gysgu ar glustog yn starn y cwch! Onid oedd yn sylweddoli fod bywydau ei gyfeillion mewn perygl? Beth oedd ei feddwl yn cysgu fel babi, a'u gadael i wynebu'r elfennau ar eu pennau eu hunain? Deffra'r pwdryn! Wyt ti ddim yn poeni am dy fêts?!

Wrth i'r Iesu ddeffro, nid y storm a'i poenai, ond y modd y collodd ei ffrindiau eu ffydd. Colli eu ffydd ynddynt eu hunain, colli eu ffydd ynddo yntau. Ac o golli ffydd, roedd ofn wedi eu meddiannu. Trodd eu hymddiriedaeth yn yr Iesu yn ddirmyg tuag ato. Am iddynt gredu fod eu bywyd mewn perygl, diflannodd eu ffydd, a diflannodd eu cariad. Yn eu lle daeth panic a dychryn ac atgasedd. Does dim yn waeth na gweld ffrindiau tywydd teg yn troi yn elynion mewn storm.

Ceryddodd yr Iesu y storm. Ond yr oedd ei wir gerydd wedi ei gyfeirio at ei ffrindiau gwan-galon. 'Pam y mae arnoch ofn? Sut yr ydych heb ffydd o hyd?'

Gweddi:
Rho inni'r ddawn O Dad nefol
i lynu at ein ffrindiau drwy'r tew a'r tenau,
ac i gadw'n driw hyd yn oed os yw'r byd yn ein herbyn,
gan wybod fod dy gariad di yn aros
yn ddigyfnewid,
pa hwyl bynnag fo arnom ni.
Amen.

Ionawr 18: WYNEBU PHARO NEWYDD

Exodus 2:3; Eseia 6:17

Yn dilyn stori anturiaethau Joseff; y cyfeillgarwch cywir oedd rhyngddo â Pharo, brenin yr Aifft, fe ddaeth, yn y man, Pharo newydd i deyrnasu: un nad oedd yn gwybod am Joseff.

I wynebu'r Pharo newydd fe ddewisodd Duw gynrychiolydd newydd, Moses. Y mae gan Foses bresenoldeb arbennig iawn. Aeth Duw i'r afael ag ef yn uniongyrchol, ac wrth ei enw, ac mewn ffordd fyth-gofiadwy. Nid dyna fel y bu gyda Joseff. Mewn cyfres o storiau cyhyrrog fe gofnodir hanes Duw a'i bobl dan arweiniad ffyddlon Moses wyneb yn wyneb â'r Pharo newydd hwn.

Yn enw Duw ac yn ei nerth ef hefyd, dyma a geisiodd Moses gan Pharo, 'gollwng fy mhobl yn rhydd, oherwydd yr wyf wedi gweld adfyd fy mhobl yn yr Aifft.' Yr oedd ar Foses ofn Pharo, a rhagor na hynny o ofn Duw, ac fe ofnai ei wendid ef ei hun. 'Pwy wyf *fi* i fynd at Pharo ac arwain meibion Israel allan o'r Aifft?' 'Byddaf fi gyda thi' oedd ateb Duw iddo. A wyddoch chi beth! dyna fel y bu.

Gofal Duw yw'r tanwydd sydd yn cynhyrchu fflam mewn perth heb ei difa, ac yng nghalon y sawl sydd yn rhedeg yr yrfa a osodwyd o'i flaen gan Dduw. Fel yr â fflam o law i law i gynnau ysbryd y gemau Olympaidd, yn fwy felly y mae'r fflam o hyd yn llosgi o blaid plant Duw ym mhob rhan o'i fyd afreolus. Yn ôl yr angen, felly y *bydd* arweinydd. 'Pwy a'n gwahana ni oddi wrth gariad Crist?'

Gweddi:
Ein Tad, diolch am y gwres sy'n dod i law yn dy law di.
Am y troeon a gawn ni gyda'n gilydd,
weithiau yn yr haul, ac weithiau yng nghysgodion y cwm.
Fe ddiolchwn ni eto bore 'fory, fel y daw:
am fara'r dydd, ac am Joseff, neu Foses, ar lun cymydog
a ddaw i ryngu dy fodd di. A'n bodd ni.
Ti a garwn, a thi a gydnabyddwn yn Arglwydd. Diolch i ti.
Amen.

Ionawr 25: GWEITHREDU CREADIGOL

Marc 2:23-28

Ac meddai'r Phariseaid wrtho, 'Edrych, pam y maent yn gwneud peth sy'n groes i'r Gyfraith ar y Saboth?' (adn. 24).

Cawn ein hannog y dyddiau hyn, gan fod trais a thor-cyfraith ar gynnydd, i gadw llygad ar ein cymdogion, i sbecian o'r tu ôl i lenni'r ffenest ffrynt, rhag ofn y gwelwn ni rhyw ddihiryn yn cyflawni rhyw drosedd neu'i gilydd. Dyma'r ffordd, medden nhw, i roi stop ar y giwed yn ein cymdeithas, ac i lanhau ein strydoedd a charthu'r gymdogaeth o'i haflendid. Troi cymdeithas yn rhyw fath o bolîs-ffors gwirfoddol, a chadw pob cynneddf a greddf yn effro i atal drwg-weithredwyr y fro.

Mae lle i ofni fod elfen o hyn wedi bod yn magu yn niwylliant ein capeli ers tro byd. Rhyw lechu tu ôl i lenni parchusrwydd llwyd ein crefydd yn sbecian ar ffaeleddau'n cymdogion, a rhedeg i achwyn ac i edliw dros glawdd yr ardd. Llwyddwyd i droi Cristionogaeth, y grym mwyaf cadarnhaol yn y byd mawr llydan, yn grefydd y 'Paid!'

Nid honno yw ffordd yr Iesu. Nid dod i'r byd i ddweud wrthym beth i *beidio* â'i wneud a wnaeth yr Iesu. Dod yma i ddangos inni'r ffordd i wneud pethau cadarnhaol a wnaeth ef, nid sut i osgoi gwneud y drwg, ond sut i gyflawni'r da.

Dylai dilyn Crist ein dysgu i ganolbwyntio llai ar ddiffygion pobl eraill ac i sylweddoli ein posibiliadau ni ein hunain, i symud o'r tu ôl i'r llenni hunan-gyfiawn, ac i gamu i oleuni'r ddawn o weithredu'n bositif.

Wrth weld y 'vigilantes' yn crynhoi gallwn ddychmyu'r Iesu'n troi'n fwriadol i gyfeiriad y caeau ŷd, yn benderfynol o'u herio.

Gweddi:
Annwyl Dad nefol, rho inni'r ddawn
i weld posibiliadau bywyd, yn hytrach na'i beryglon,
a meithrin ynom
y cariad at weithredu'n greadigol yn ein bywydau ein hunain,
yn hytrach nag at edliw i eraill eu camweddau.
Amen.

Chwefror 1: GAIR O BLAID PECHADURIAID

Luc 19:1-10; Mathew 9-13
gweler: Y Tangnefeddwyr–Waldo Williams

Un o bleserau straeon y Beibl ydi'r manylion bach sy'n taro nodyn annisgwyl–y manylion hynny sy'n dweud–ie, fel yna y digwyddodd hi. Yn hanes Sacheus, gwelwn yn fyw y dyn byr yn sgrialu i fyny'r goeden er mwyn cael cip ar yr Iesu hwn yr oedd cymaint o sôn amdano. Ac yna'r sioc o gael Iesu yn stopio'r dyrfa ac yn sgwrsio gydag o.

Ond y manylyn sy'n taro'n gwbl driw yw'r disgrifiad o'r criw oedd gyda'r Iesu yn dechrau grwgnach a chwyno fod Iesu wedi gwahodd ei hun am baned/ddisgled gyda'r lleidr o gasglwr trethi. Onid yw'n gwbl nodweddiadol fod y rhai agosaf–ei ddilynwyr a'i gyfeillion–ddim yn deall neges Iesu. Cyd-eistedd gyda chasglwr trethi o bawb! Ych a fi! Efallai y dylem ninnau yn ein heglwysi gor-barchus, di-stŵr ofyn a fyddem yn fodlon eistedd gyda Sacheus? A beth fyddai ymateb Sacheus yr ugeinfed ganrif tybed? Effaith presenoldeb Iesu oedd peri iddo roi hanner ei eiddo i'r tlodion. Dyna her nid yn gymaint i Sacheus 1998 ond i Gristionogion 1998.

Gweddi:
Arglwydd, gweddïwn arnat i agor ein llygaid i wir neges dy Air.
Helpa ni i beidio â barnu eraill
er mwyn cyfiawnhau ein bywyd bach ni ein hunain.
Fe wyddost ein bod yn euog o falchder, o gybydd-dod,
ac o fethu yn ein dyletswyddau Cristionogol yn rhy aml.
Rho di gân yn ein calon, ac awydd i wneud dy ewyllys,
i geisio gweld y gorau yn ein cyd-ddynion,
ac i weld y posibiliadau yn hytrach na'r rhwystrau.
Helpa ni i chwilio am air o blaid pechaduriaid
ond i gondemnio pechod.
Gofynnwn hyn yn enw Iesu Grist, ein Harglwydd.
Amen.

Chwefror 8: ANTIOCH

Actau 10:1-48; 11; Galatiaid 2:7-8

Yn Antioch y galwyd dilynwyr Iesu Grist yn Gristionogion am y tro cyntaf. Fe gewch chi'r hanes gwefreiddiol yn y darlleniadau uchod.

Stori ydi hon am ddau berson sydd, yn eu hoed a'u hamser, wedi profi bywyd ar wastad eang ac amrywiol. Canwriad ym myddin Rhufain oedd Cornelius, ac eto yr oedd yn 'ofni Duw'. Duw Israel. Yr oedd am wybod mwy amdano. Yn lled fuan fe ddaw hynt eglwys Antioch i'n sylw,–eglwys genhedlig *fydd* honno. Yn y cyfamser yr oedd rhwystrau yn ffordd Cornelius i ddysgu am Dduw. Cenedl-ddyn oedd e, druan!

Un o ddisgyblion Iesu oedd Pedr, ac felly yn apostol. Gŵr o awdurdod yn yr eglwys. Iddew, wrth gwrs. Dyna gymwynas a fyddai trefnu i'r ddau ddyn yma, i gwrdd â'i gilydd. A dyna yn union a ddigwyddodd! Y Duw yr oedd Israel wedi ceisio'i gadw iddi ei hun sydd yn croesi'r ffin gyda help o ddwy ochr y ffin. Y mae angel yn trefnu fod Cornelius yn cysylltu â Phedr yn Jopa: y mae Pedr mewn gweledigaeth yn cael ei baratoi i dderbyn cynrychiolwyr Cornelius: ac yna wele Pedr yng Ngheserea yng nghwmni Cornelius a'i deulu yn ddiddig, ac yn eu hannerch yn yr Efengyl. Dyna fel yr oedd llanw'r efengyl yn gwthio llif-ddorau yn agored rhwng Israel â gweddill byd Duw. Dyma gariad fel y moroedd.

Gweddi:
Yn wyneb y drysau sydd ar gau yn dy fyd heddiw, O Arglwydd,
a ni yn gweld pris rhyddid a chyfiawnder a heddwch
yn ysgrifenedig mewn gwaed yn gyson,
cawn ein sobri gan ryfeddod dy ffordd di
o ddwyn dy waith i ben trwy Grist Iesu.
'Ni chollwyd gwaed y groes erioed am ddim i'r llawr,
Na dioddef angau loes heb rhyw ddibenion mawr,'
medd ein Pantycelyn,
'A dyma oedd ei amcan ef,
Ein dwyn o'r byd i deyrnas nef.'
O am y cariad i ni fedru gwthio drysau'n agored gyda thi.
Amen.

Chwefror 15: CREADUR NEWYDD

2 Corinthiaid 5:14-21; Mathew 16:13-28

Pobl o'r dosbarth gweithiol oedd aelodau eglwys Corinth, a phrofiad o bwys mawr iddynt oedd cofleidio Cristionogaeth. Yn fuan gwelwyd ymbleidio o'i mewn: rhai sectau yn selog i Paul, a rhai i Apolos, eraill i Ceffas ac i Iesu Grist. Beth fedrech chi ei wneud â phobl felna oddi fewn i'r un gymdeithas? Fe glywodd Paul ei hun am y sefyllfa, a danfonodd lythyr atynt i'w cyfarwyddo a'u hannog i gytuno â'i gilydd. Mewn undeb y mae nerth, ond yn bwysicach hyd yn oed na hynny, i gofio fod cymeriad ac urddas eglwys yn dibynnu ar gytundeb ymhlith ei phobl.

'Cyd-weithwyr Duw ydym ni', meddai Paul eto, ac 'er mwyn Iesu' yw nôd y cyfan a wnawn. 'Cariad Crist sydd yn fy nghymell i ymlaen mewn sêl a llafur o blaid yr efengyl. Y mae'r sawl sydd mewn undeb â'r cariad hwn, ble bynnag y mae a phwy bynnag ydyw, 'y mae efe yn Greadur Newydd'. Y mae gwir angen y bobl newydd hyn yng Nghrist ar y byd heddiw. Y mae diwygwyr cymdeithasol wrthi yn gwneud daioni i ddynion, tra mae'r efengyl wrthi'n ceisio creu dynion da. Nid gwella'r *amgylchiadau*' yn unig yw bwriad yr efengyl, ond gwella pobl. Nid yn unig tynnu'r dyn o'r Aifft, ond tynnu'r Aifft o'r dyn! Gwaith rhwydd i bobl wael eu hysbryd ydi troi Eden yn anialwch! Y mae'r cynhaeaf yn fawr,–a'r gweithwyr yn brin! Galwad am bobl newydd Crist sydd yna ym mhob man, ac y mae'r efengyl yn parhau i gynhyrchu'r Dyn Newydd yng Nghrist.

Gweddi:
'Crea galon lân ynof, O Dduw,
ac adnewydda ysbryd uniawn o'm mewn.'
'Dyro drachefn i mi orfoledd dy iachawdwriaeth,
ac â'th hael ysbryd, cynnal fi.'
Gelwaist arnom i ymwadu â ni ein hunain a'th ddilyn.
Arwain ni ar hyd ffordd hunanymwadiad a gwasanaeth
fel y byddom un â thi i rannu dy fywyd glân a sanctaidd.
Gwna ni'n fwy tebyg i ti, O Iesu da.
Amen.

Chwefror 22: CRAIG YR ENWAU

Mathew 16, 13:20

Bae gweddol gyfyng rhwng cromfachau o greigiau ydi Cwmtydu yng Ngheredigion. I'r sawl a ŵyr amdani y mae ar wyneb y graig ddarn llyfn, tebyg, o ran ei ffurf, i fawd cawr yn gogwyddo tuag Iwerddon. Yr enw a roed arni hi ydi Craig yr Enwau, gan i sawl cenhedlaeth o'i phlant argraffu arni eu henwau a'u serch.

Mewn lle o'r enw Cesarea Philipi, holodd Iesu ei ddisgyblion, 'pwy y mae dynion yn dweud yw Mab y Dyn?' 'A chwithau', meddai, 'pwy meddwch chwi ydwyf fi?' Fel saeth o fwa atebodd Simon Pedr, 'Ti yw'r Meseia, Mab y Duw byw.' Bu yn anodd gan y gweddill gredu fod Pedr wedi rhoi y fath ateb. Pedr o bawb! Y glanaf o ddynion ydoedd Pedr, ond nid un i ddweud y fath beth â hyn.

'Gwyn dy fyd, Simon fab Jona, oherwydd nid cig a gwaed a ddatguddiodd hyn i ti ond fy Nhad sydd yn y nefoedd. Ac 'rwyf fi'n dweud wrthyt mai ti yw Pedr, ac ar y graig hon yr adeiladaf fy eglwys, ac ni chaiff holl bwerau angau y trechaf arni', medd Iesu wrtho.

Pedr a'r graig hon yn un! Y mae enwau'r plant a fagwyd ar y 'graig hon' ar gof a chadw hefyd. Yno uwchlaw y dyfroedd mawr a'r tonnau. 'Am graig i adeiladu, fy enaid chwilia'n ddwys' Nid adeiladydd oedd Pedr!

Gweddi:
**Ti Arglwydd,
wyt yn siarad â ni heb i ni glywed dim,
ond teimlo plwc y llinyn sydd yn ein cydio wrthyt
ac wrth y naill a'r llall ohonom ninnau.
Diolch eto am ddyfeisgarwch dy gariad a'th ofal drosom.
Amen.**

Mawrth 1: HWSMONAETH DEWI

Darllen: Marc 4; adn. 1-20; Emynau: 76, 462, 468, 204.

Nid esgyrn Dewi mohonynt wedi'r cwbl. Chwalwyd rhamant y chwedl gan wyddoniaeth fodern a siomwyd llawer un. Gwae y sawl sydd â'i ffydd ynghlwm wrth greiriau. Eto i gyd, nid yw darganfyddiad y gwyddonydd yn chwalu darluniau'r beirdd ac y mae neges Crwys yn ei gerdd *Esgyrn Dewi* yn parhau i fod yn berthnasol. Felly hefyd ddarlun Waldo yn ei ddwy soned *Gŵyl Ddewi*. Yn y gyntaf, mae Dewi yn ŷch Duw yn tynnu'r aradr i fraenaru'r tir ac yn hau hâd yr Efengyl, yr hâd a dyfodd i fod yn fara'r Crist i'r cenedlaethau a ddilynodd y sant. Ond yn y cwpled clo y mae'r bardd yn gofidio nad y'm ninnau heddiw, er y manteision nad oeddent yn eiddo i Ddewi, yn hau cystal ag yr heuodd ef. Yn ôl yr ail soned, i'r gwrthwyneb y mae. Daeth awyrennau rhyfel i ruo uwchben, aeth y tir ffrwythlon yn ddiffaith a bu i ninnau fradychu'r sant a'r Efengyl wrth fodloni ar yr anrheithio ac addoli wrth droed Mamon. O na ddychwelai ysbryd Dewi i dir ein gwlad:

> Nerth Dewi, pe deuai yn dymestl dros y grug
> Ni safai pebyll Mamon, ar y maes.

Y mae amgenach swyddogaeth i'n gwybodaeth newydd nag archwilio esgyrn. Ffrwynwn hi fel yr adenillom y tir a gollwyd a'i arddio i dyfu'r hâd a fydd eto
   Yn fara'r Crist i filoedd bordydd braint.

Gweddi:
Dad Nefol, maddau i ni yn ein cenhedlaeth
am inni golli tir, ac ildio'r maes i'r gelyn.
Cywilyddiwn wrth gofio ymdrechion Dewi a'i debyg
yn tyfu ffrwythau er iachawdwriaeth ein cenedl,
ac wele heddiw efrau lle bu gwenith,
ac ysgall lle bu unwaith borfa fras.
Maddau inni os buom yn hwsmoniaid esgeulus.
Cynorthwya ni i ymaflyd yng nghyrn yr erydr unwaith eto
gan ymroi i weddnewid wyneb daear ein gwlad.
Twyllwyd ni gan hudoliaeth golud.
Daliwyd ni ym magl materoliaeth.
Rhyddha ni fel y gallom fyw i bethau gwell,
'rhag cywilyddio'r tadau yn eu heirch,'
a rhag tristáu dy lân ysbryd di.
Dysg ni i hepgor y trysorau hynny
y gall gwyfyn a rhwd a lladron eu difa a'u dwyn oddi arnom.
Gad inni ymaflyd yn dynn
yn nhrysorau ein hetifeddiaeth ysbrydol a diwylliannol.
Boed i'n hymlyniad wrthynt fod mor ddiogel
fel na all un gelyn eu hysbeilio na'u rhwygo o'n gafael.
Clyw gri pobl Cymru ar ddydd gŵyl ein nawddsant,
yn enw Iesu Grist ein Harglwydd.
Amen.

Mawrth 8: 'GWINLLAN A RODDWYD I'M GOFAL . . .'

Eseia 5:1-7.

Fel 'canig serch' y disgrifir 'Cân y Winllan', ond sôn a wna'r gân am serch yn cael ei wrthod. Bu gofal y Gwinllanwr dros ei winllan yn fawr: wrth ddewis y llecyn; wrth wella ansawdd y tir; ei fraenaru, a phlannu'r gwinwydd gorau yno. Ni wnâi dim arall y tro. A chodwyd tŵr i'r gwyliwr a naddu gwinwryf yn y graig i dderbyn y ffrwyth. Ond y fath siom: 'fe ddygodd rawn drwg'!

Gwyddom i gyd am y profiad: er afradloni'n cariad, mae gwrthrych ein serch yn ein siomi. Pa faint mwy, felly, yw siom Duw, y Gwinllanwr Mawr? Pwy all ei feio os digwydd iddo diffetha'r winllan a chwalu'i mur a'i gwneud yn sathrfa, ac yn drigle mieri a drain?

Pwy yn wir? Ond go brin fod y rhai a glywodd adrodd y ganig serch hon am y tro cyntaf yn barod am yr ergyd lawchwith a oedd yn ei llinellau olaf yn deg: '. . . gwinllan Arglwydd y Lluoedd yw tŷ Israel.' Neb llai na phobl eu cenedl nhw eu hunain oedd y winllan yr oedd Duw wedi afradloni ei gariad arni!

Go brin y byddem ninnau'n barod i dderbyn dedfryd gyffelyb am Gymru, er i Dduw arllwys ei gariad arnom, a chael ei siomi gennym ninnau, fel tŷ Israel gynt.

Gweddi:
O! Arglwydd Dduw, a afradlonaist dy gariad ar Gymru, maddau inni am wrthod y cariad hwnnw a chefnu ar dy dosturiaethau mynych. Rhoddaist i Gymru ei hysgrythurau a'i chysegrau; ei phregethau a'i sacramentau; ei merthyron a'i chenhadon; ei hefengylwyr a'i thystion gwiw. Cyfoethogaist ei bywyd â gweddi a mawl ac emyn, a rhodiodd llawer o'i mewn y llwybr cul hwnnw sy'n arwain i fywyd, gan roi urddas ar ei bröydd a rhuddin yn ei chymeriadau.

Maddau, Arglwydd, ryfyg ein gwrthryfel yn dy erbyn, a'n cefnu ar dy ffyrdd. Trugarha wrthym am werthu ohonom ein genedigaethfraint a dibrisio'n treftadaeth.

A ninnau, mor gyndyn i ymateb i gymhellion taer dy gariad, tosturia wrthym, drugarog Iôr. Na ddos i farn â ni, ond lliniara'r ddedfryd a haeddwn am inni grwydro oddi ar lwybr dy ewyllys ddwyfol. A gofynnwn, yn enw Iesu Grist ein Harglwydd, am gael ein cynnwys eto o fewn coflaid dy ras a'th faddeuant.
Amen.

Mawrth 15: ACHUB CENEDL

Llyfr Esther. Ioan 11. 17:27; Rhufeiniaid 9:6; Hebreaid 10:23; Salm 73.

Digwyddodd y pethau a ganlyn yn amser Ahasferus . . . oedd yn teyrnasu ar gant dau ddeg a saith o daleithiau, o India i Ethiopia . . . gwnaeth . . . Ahasferus . . . wledd . . . yn Susan y brifddinas . . . Daeth byddin y Persiaid a'r Mediaid a holl fawrion y deyrnas yno. Fe gymrodd gant wyth deg o ddyddiau i ddangos i'r cwmni holl gyfoeth ei deyrnas, ac ysblander ei fawredd. Ar seithfed dydd y gwledda a fu anfonodd y brenin y saith eunuch oedd yn gweini arno i gyrchu y frenhines Fasti i'w ŵydd. Gwrthododd hithau, a daeth i ben deithio byd iddi hi.

Yn ôl y stori, y cam pwysig nesaf oedd dewis olynydd deilwng yn gymar i Xerxes–sef enw arall Ahasferus O blith gwyryfon y deyrnas fawr, yr un a enillodd serch y brenin oedd Esther, Iddewes amddifad a fabwysiadwyd gan ei chefnder Mordecai. A hi a esgynnodd i orsedd Fasti. O hyn ymlaen y mae'r stori yn canghennu'n rhwydaith o ystryw, a gwrth-ystryw. Cododd seren Haman yr Agagiad yn loyw-gelyn marwol Modecai a'r holl Iddewon–y diaspora–oddi fewn i'r ymerodraeth. Yma, yn y bwlch tynged-fennol yma i barhad ei chenedl, y safodd Esther: yn hardd, yn ddoeth, ac yn ddewr, nes symud Haman, a gorseddu Mordecai yn serch y brenin.

Nid yw Duw, wrth ei enw, yn ymddangos o gwbl yn y stori. Ond y mae apêl am ffydd yn Nuw yng ngwead y cyfan i gyd. Nid yw y diafol wrth ei enw yma. Y mae dyfnder yn galw ar ddyfnder o hyd.

Gweddi:
   Ti'r Hwn sy'n torri'r ffordd
      A'i dangos ymhob oes.
   Bendithia sêl dy blant
      A'i troediodd dan eu croes
Rho wybod gwerth eu haberth hwy,
Fel na bo glas eu llwybrau mwy.
                Tomi Evans, Tegryn.
Amen.

Mawrth 22: CYFOETHOGI BYWYD

Ioan 13:1-9.

Mae deuddeg pennod gyntaf efengyl Ioan yn sôn am Iesu'n disgyn, mewn sawl modd–yn dod i lawr o'r nef, yn cael ei wrthod, hyd yn oed gan ei bobl ei hun. Ym mhennod 13 dechreua'r pendil godi. Cyfodir Iesu i'w groes, cyhoeddir ef yn frenin ym mhrif ieithoedd yr hen fyd, ac fe bery'r dyrchafu yn yr atgyfodiad a'r esgyniad. Ond i Ioan, mae dyrchafu Iesu'n dechrau wrth iddo olchi traed ei ddisgyblion.

Yn y Dwyrain Canol â ffyrdd llychlyd, a phobl mewn sandalau, cwrteisi oedd cynnig i ymwelydd ddŵr i olchi ei draed. Eithr yr oedd y golchi ei hun yn rhy israddol i'w wneud dros neb arall. Yr hyn a wnaeth Iesu dros ei ddisgyblion felly oedd yr hyn y mae person fel arfer dim ond yn ei wneud drosto'i hun.

Cydnabyddai Iesu yn y weithred hon nad oes dim yn rhy israddol iddo ef ei wneud dros eraill, a bod anghenion pobl eraill mor bwysig iddo â'i anghenion ef ei hun. Pan ddysgwn ninnau hynny, cawn ryddid oddi wrth garchar yr hunan, a bydd y byd o'n cwmpas yn ymagor ac yn dyfnhau i ni, yn ein cyfoethogi ac yn ein cyfareddu fwyfwy yn feunyddiol.

Gweddi:
Dad Grasol, dywedodd Iesu iddo ddod i ni gael bywyd yn ei gyflawnder. Diolchwn i ti am ddangos i ni fel mae dechrau cyfranogi o'r cyflawnder yna. Byddwn ni weithiau'n dymuno, fel Pedr gynt, gwaredwr ac athro sy'n fawr yn ôl ein syniadau ni am fawredd, ac sydd felly'n rhoi sêl ei fendith ar y math ar fawredd a ddymunwn ni i ni ein hunain.

Diolch i ti am waredwr sydd byth a hefyd yn ein herio. Maddau i ni ein bod er hynny weithiau yn edrych i lawr ar eraill, ac am resymau ffôl–am ein bod yn iau neu'n iachach, wedi cael gwell addysg neu'n gyfoethocach, am fod gennym safle bwysicach neu'n bod yn fwy adnabyddus.

Dyro dy gymorth i ni, erfyniwn arnat, i allu dechrau bod yn wir ostyngedig.
Amen.

Mawrth 29: DAU SYMLRWYDD *Sul y Dioddefaint*

Luc 23:44-46.

Mewn esboniad ar Efengyl Ioan, dywed William Temple mai 'I'th ddwylo di y gorchmynnaf fy ysbryd' oedd geiriau olaf Iesu ar y groes. Wedi cydnabod anghenion pobl eraill, ac angen ei gorff, cafodd eiliad i'w dweud. Pan ddywed Mathew a Marc, 'Llefodd a llef uchel,' a Ioan, 'Rhoddodd i fyny ei ysbryd,' sôn y maent, ebe Temple, am yr eiliad honno. Eithr dim ond Luc a rydd y geiriau.

Dyfyniad ydynt o'r bumed adnod o Salm 31. Dyna 'Rhof fy mhen bach lawr i gysgu' pobl Iesu, y weddi y dysgai mam Iddewig ei phlentyn i'w dweud cyn iddo gysgu. A'r weddi seml honno a ddewisodd Iesu i fynegi ei ffydd ar ddiwedd oes.

Ond prin mai'r ffydd a oedd ganddo'n blentyn oedd y ffydd a oedd ganddo wedi holl dreialon ei daith. Eithr y mae symlrwydd yr ochr hon i gymhlethdod bywyd, a symlrwydd yr ochr draw iddo. Awgryma geiriau olaf Iesu mai taith yw bywyd, o un symlrwydd at y llall.

Gweddi:
Mae'n bywydau yn aml, O Dad, yn gallu bod yn brysur a dryslyd a swnllyd. Weithiau breuddwydiwn am fywyd tawel a syml a phwyllog, allan o gyrraedd galwadau a gwasgfeydd, terfysg a rhwysg. Dysg ni i fynnu amseroedd i ymbwyllo ac encilio er mwyn adnewyddu corff meddwl ac enaid. Ond dysg ni hefyd mai yng nghanol gofalon a phryderon y mae dysgu rhai pethau amdanom ein hunain, a gweld ein hangen am nerth yn ôl y dydd.

Nid drwy osgoi trafferthion a threialon yr ymberffeithiodd Iesu ei ffydd ynot ti, ond drwy daflu ei hunan i'w canol. Dysg ninnau felly i ymroi i'r bywyd a roddir i ni i'w fyw, gyda synnwyr, ond hefyd gyda sêl a chariad.

A bydded i'n ffydd ninnau ryw ddydd gyrraedd man lle y bydd 'Rhof fy mhen bach lawr i gysgu, rhof fy ngofal i Grist Iesu' yn cyfannu cylch ein pererindod ninnau.
Amen.

Ebrill 5: YMDAITH FUDDUGOLIAETHUS *Sul y Blodau*

Luc 19, 28:40; Marc 11:1-11; Ioan 12:12-19.

Dyma fe yn cyrraedd. Ar gefn ebol asen. Iddew yn ei filltir sgwar ei hun, yn dathlu. Heddiw yr oedd Duw, eu ceidwad, gyda hwy yn cadw gŵyl oherwydd y mae rhagor o eiriau proffwydol yn cerdded i mewn atyn' nhw i'r cylch. Y cylch lle mae Duw wedi llefaru trwy ei bobl arbennig. Jerwsalem! Fe glywn yr hosanna yn glir yn cau am yr ebol a'r marchog.

Profiad poenus i bobl broffesiynol ydi gorfod sefyll yng nghynulleidfa pobl llai deallus na hwy eu hunain. 'Cerydda dy ddisgyblion' medd rhai o'r Phariseaid wrth Iesu oherwydd eu brwdfrydedd yn moli Duw â llais uchel am yr holl wyrthiau yr oeddynt wedi eu gweld. 'Rwy'n dweud wrthych, os bydd y rhain yn tewi, bydd y cerrig yn gweiddi,' oedd ateb Iesu.

'Ar drothwy gŵyl y Pasg, yr oedd Iesu'n gwybod fod ei awr wedi dod, iddo ymadael â'r byd hwn a mynd at y Tad,' medd Ioan am holl naws y cyfnod ym mhrofiad ofnadwy Iesu.

Y mae iaith y meini yn hen ac yn glir. Os nad oedd tafod i ddathlu'r digwyddiad mwyaf yn hanes ein byd, byddai'r cerrig ar ffordd y pererinion yn gweiddi. Fe gofiwn i Habacuc, yn ei ddydd, fygwth y byddai cerrig ym muriau tai yr anghyfiawn yn gweiddi'r hyn oedd yn digwydd oddi fewn iddynt.

Gweddi:
Dduw Dad y mae i ni geisio dirnad mor agos oedd Iesu i ti, ar ryw ystyr yn ormod i ni. Fe wyddom ni o'r gorau mai dy ewyllys di oedd canllaw ei daith yn y byd, ac ymhlith ei bobl. Fe wyddom fod cariad yn magu pryder a gofid a hynny yn gwbl ddi-synnwyr weithiau, ond ni fedrwn ni ddirnad maint ei boen ef y dyddiau hynny yn Jerwsalem. Trosom ni oll, cyn gwybod dim personol amdanom. Diolch iddo.
Amen.

Ebrill 12: BLE MAE IESU? *Y Pasg*

Mathew 28:1-10; Marc 16:1-12; Luc 24:1-12; Ioan 20:1-10; 11-18

Pobl yn cofio, ac yn dibynnu ar waith yr Ysbryd i'n tywys i'r gwirionedd, sydd o hyd yn sylwi fod y maen wedi ei symud, a bod drws ei fedd yn agored, a bod cant a mil o leisiau yn canu, Haleliwia, heddiw cododd Crist o'i fedd. Perthynasau i ni ydi'r 'pawb a bechodd ac sydd yn ôl o ogoniant Duw'. Fel sydd wir fod dyfnder i bob digwyddiad, yn sicr y mae hyd, a lled uchder a dyfnder i'r digwyddiad yma. Y mae Duw wedi drysu ein llygaid, a'n clyw, ein syniadau, a'n doethineb ni. Nid yw angel, na disgybl, na Mair yn gofyn i ni dderbyn egwyddor anfarwoldeb. Gofyn i ni dderbyn Iesu y maent. Dilyn Iesu. A chyfodi gydag Ef o'n beddau cyfarwydd: 'llawenhewch yn yr Arglwydd yn wastadol.' Y Pasg.

Y mae'r oll sydd ynglŷn â Iesu yn ein cymell i ddysgu beth yw byw. Man cychwyn ein haddysg yw egluro ei ddechreuad yn Nuw. Duw cariad, sydd yn ein gwaredu ni o'n pechod dro ar ôl tro, ecsodus ar ôl ecsodus. O ryfedd drefn! Y mae yn rhaid pregethu'r efengyl hon i'r holl fyd–gan ddechrau o hyd yn Jerwsalem ein cynefin ni.

Gweddi:
O, am gael byw i ti, Arglwydd Dduw. 'Byw gan ddisgwyl am fy Arglwydd, bod pan ddelo'n effro iawn' Yng nghanol carthion ein byw materol rho inni'r doethineb i ddal at ein hiaith Gristionogol, rhag i ni golli iaith gras. Yr iaith sydd yn gafael ymhob derbyn, a cholli, a'r posibilrwydd hwn o gael ein hail-eni gennyt ti. Eiddo ti yw y gallu, a'r nerth, a'r gogoniant, yn oes oesoedd, Amen.

Ebrill 19: RHOI LLE I'R DIEITHRYN

Ioan 21:1-7.

Thema mewn sawl hanes am yr atgyfodiad yw fod pobl a adwaenai Iesu, yn dda, bellach, yn methu â'i adnabod. Y disgyblion sy'n methu â'i adnabod yn yr hanesyn hwn. Cânt eu darlunio fel yr oeddynt cyn iddynt gyfarfod â Iesu erioed, yn eu cychod pysgota yng Ngalilea, yn ôl pan nad oedd ganddynt unrhyw syniadau parod yn eu pennau amdano.

Mor rhwydd yw hi i'r syniadau sydd eisoes gennym am Iesu ddihysbyddu ein deall ohono o'n rhan ni, fel na all dim newydd ddigwydd yn ei ymwneud ef â ni. Un o negeseuon yr atgyfodiad, yw fod eisiau i ni bob amser i fod yn agored i'r Iesu sydd weithiau'n dewis dod atom fel dyn dieithr.

Mae yna berson, dieithr i ni ein hunain, ym mhob un ohonom ni hefyd. Byddwn weithiau yn ei gyfarfod, efallai wrth sylweddoli i ni wneud rhywbeth, er gwell er gwaeth, na wydden ni ei fod ynom i'w wneud. Pan gwrddwn ni â rhywrai nas gwelsom ers talwm, oni obeithiwn weithiau nad ydynt yn ein cofio fel yr oeddem slawer dydd? Oni fydd awydd ynom i ddweud wrthynt ein bod yn wahanol bellach, ac yn dymuno iddynt adnabod y person newydd ynom ni sy'n ddieithryn iddynt?

Yn ein hymwneud â ni ein hunain, yn ein hymwneud â phawb a phobun arall, yn ein hymwneud â Iesu, gelwir arnom i fod yn fythol agored i'r dieithryn yn yr ymdaro.

Gweddi:
Maddau i ni Dirion Arglwydd, ein parodrwydd i ildio i duedd ein hoes i gredu mai problem i'w datrys yw popeth na ddeallwn ni'n syth, a'n bod ni mor ddall i'r dirgelwch sy'n rhan o anianawd ein bydysawd. Dyro i ni'r ddawn i sefyll ar wahân oddi wrth ambell ffenomenon, i adael llonydd iddo, ac i ryfeddu.

Agor ein llygaid i ryfeddodau'r bydysawd, i graig a chragen, i lygad y dydd a derwen, i forgrugyn a cheffyl gwedd, i atom a seren, i ddeddf a rhyddid y cread. Agor ein llygaid i'r pethau ym myd pobl y bydd ein patrymau meddyliol yn ein dallu iddynt, a'n bodlonrwydd yn cadarnhau ein dallineb. Uwchlaw popeth, bydded ein dychymyg yn effro i weld pob dim ynot ti ac yn Iesu sydd eto'n agored i ni ei adnabod, os caniatawn i newydd-deb ein synnu beunydd, a hawlio'n sylw.
Amen.

Ebrill 26: Y GWIR YN HARDD

Luc 24:13-35; 1 Corinthiaid 15.

Yn ôl Leslie Weatherhead fe haerai George Eliot mai stori'r ddau ddisgybl ar y ffordd i Emaus yw stori fer brydfertha'r byd. Da fyddai i ni gofio hefyd fod Luc y llenor cain yn cael ei gyfrif ymysg haneswyr disgleiriaf ei gyfnod.

Cofiaf ddarllen llith yn y *Radio Times* flynyddoedd yn ôl yn haeru nad yw'r straeon am yr Atgyfodiad yn ein tywys i fyd y ffeithiau hanesyddol. Simbolau ydynt i argyhoeddi fod y goleuni yn drech na'r tywyllwch, a chariad yn drech na chasineb. 'We must have a reassessment of the gospel', oedd y frawddeg glo. Pe bai gennyf y ddawn i ddadlau buaswn wedi ateb—'this is not a reassessment of the gospel, but a rebuttal of the gospel'. *Ar adegau* y mae addasu'r Efengyl yn gyfystyr ag anwybyddu'r Efengyl, a moderneiddio'r Efengyl yn gyfystyr â malurio'r Efengyl.

'Rhyw ddau ohonynt oedd yn myned i dref a'i henw Emaus, saith milltir *a hanner* o Jerwsalem: on'd yw Luc yn fanwl! Wrth deithio'r ffordd i Emaus cawn ein hamddifadu o fendith gyfoethog oni sylweddolwn fod y llenor cain yn hanesydd manwl hefyd, a bod 'stori' brydfertha'r byd' yn stori wir.

Gweddi:
'Rho in' argyhoeddiad llwyr' fod yr 'Oen a fu farw eto'n fyw' Wrth glywed yr her i 'ddilyn yr Oen i ba le bynnag yr elo' yr ydym yn ymwybodol o'n gwendid a'n heiddilwch mawr. Gwna ni yn ymwybodol o bresenoldeb y Crist Atgyfodedig sydd wedi rhoddi ei addewid i fod gyda ni bob amser hyd ddiwedd y byd, i'n goleuo yn ein tywyllwch, i'n nerthu yn ein gwendid, a'n gwroli yn ein llwfrdra.
Amen.

Mai 3: BARA'R BYWYD

Luc 24:29; Marc 16:12-13.

Ar ôl cyrraedd Emaus cawn ein swyno gan y *caredigrwydd deniadol*, caredigrwydd y gwr a'r wraig (?) hoffus a agorodd ddrws eu cartref i groesawu'r pererin dieithr.

Mae treiddio i'r adnabyddiaeth o Grist yn dihuno consyrn yn y galon. Yn y bennod hon fe sylweddolwn fod y consyrn yn y galon yn medru esgor ar adnabyddiaeth,–adnodau 30 a 31. A fu cymun mwy gorfoleddus erioed, a'r disgyblion digalon yn sylweddoli os oedd y dydd yn darfod, na ellid byth ddiffodd Goleuni'r Byd. Cwestiwn dwys yw cwestiwn Charles O'Donnell yn Emaus:

> Ar dorriad bara adnabuant Ef:
> Ai wrth y Gair o'i fin y cawsant braw'
> O'u Harglwydd Grist, a'u ffydd yn codi llef?
> Ai wrth glwyfedig dlysni Ei ddwy law? *(cyf. Wil Ifan).*

Gellir cyhoeddi'n ddibetrus fod y clwyfedig law wedi dihuno'r adnabyddiaeth. 'Ni ellir adnabod y Crist Atgyfodedig ond yn ei glwyfau', medd Pascal.

Gweddi:
Bendithia ni wrth fyfyrio ar ddirgelion yr Ymgnawdoliad, yr Iawn, a'r Atgyfodiad. Rho inni hefyd 'Galon well bob dydd a'th ras yn fodd i fyw', fel y medrom feddiannu ysbryd yr Oen, a maddau i'n gilydd megis y maddeuodd Crist i ninnau. Rho inni hefyd galon well yn ymyl y bedd gwag, fel y byddo atgyfodiad yn ein bywyd ninnau a fyddo'n clodfori yr Atgyfodiad Mawr ei hun.

> **O codwn oll i fywyd gwell
> I ryddid meibion Duw.**

Amen.

Mai 10: WELE FI

Luc 18:9-14; Effesiaid 2:1-9.

Dyma ddameg Iesu wrth rai oedd yn sicr eu bod hwy eu hunain yn gyfiawn, ac yn dirmygu pawb arall: Aeth dau ddyn i fyny i'r deml i weddio, y naill yn Pharisead a'r llall yn gasglwr trethi. Dau berson o'r un ardal ac yn rhannu'r un traddodiadau, ac yn wahanol iawn i'w gilydd. Y mae'r Pharisead yn sefyll fan draw ac yn esbonio pethau wrth Dduw amdano'i hunan, er mwyn cysuro'r naill a'r llall, falle. Yn dawel ar y cyrion wele'r casglwr trethi yn mwmial i mewn i'w farf yn ddigalon mewn cywilydd: ac yn ymbil am drugaredd i bechadur.

A ydi Duw i ddewis rhwng y ddau? P'run ddewisech chi? Anodd. Bwrw un i ffwrdd, i domen sbwriel y farn gyhoeddus, ac anrhydeddu'r llall! Y mae'r ddau dan bwysau i fod yn grefyddol. Ac fe wyddon ni i gyd, i ryw raddau am y straen honno. 'Dyma'r dyn a aeth adref wedi ei gyfiawnhau, nid y llall' medd Iesu, hefyd. Ac eto fyth, *Achubwr yw Iesu. Un ar goll, oedd gwr y tollau.* Yn noeth i'r dyfodol, ac yno i dderbyn cyfiawnhad trwy ras Duw.

Yr ydym yn cael byw trwy wrthgyferbyniadau ein ffydd,—bawb ohonom. Byddwn yn bygwth bodolaeth y byd gyda'n sancteiddrwydd brethyn-cartre, ac yn teimlo Duw ymhell oddi wrthym. Ai methu dod yn rhydd o gocŵn ei gyfiawnder ei hun oedd y Pharisead? Gras Duw fyddo gyda ni oll.

Gweddi:
Gwêl ni, Arglwydd, bob un â'i fys lle bo'i ddolur heddiw eto. Sut y medri di ddwyn doluriau'r byd i gyd? Faint wyddon ni am 'gariad fel y moroedd'? Ni fydd diwedd byth ar ein haleliwia ninnau bob un wrth inni ddod yn rhydd o faglau ein hanghariad parchus wrth i ninnau adnabod y llaw fu'n torri'r bara. A gawn ni weld yr hyn welaist ti ynom ni? Tybed, Arglwydd, a fentrwn dy nabod yn well?
Amen.

Mai 17: SYCHED YN SAMARIA

Ioan 4:1-26; 2 Brenhinoedd 18:9-12 a 17.

I ryw raddau fe ddaw stori pobl Iwerddon i gof wrth inni ddilyn hanes Israel a Samaria. Pobl yn gwrthod rhannu bywyd oedden nhw. Yn y stori hon y mae Iesu, yr Iddew, ar dir Samaria, ac mewn man sanctaidd, yn siarad â gwraig ac yn gofyn cymwynas. Yn ôl ei arfer, y mae'n rhoi rhodd Duw mewn cymod ar waith.

Yn nhref Sychar, ac wrth Ffynnon Jacob, y mae'r stori'n agor. Rhodd Jacob gynt i Joseff ei fab oedd y ffynnon, i gadw bywyd dyn ac anifail i fynd mewn lle anial. Yno y gorffwysodd Iesu ar ei daith yntau, yn flinedig ac yn sychedig. Fe ddaeth gwraig yno hefyd i godi dŵr o'r ffynnon ddofn. 'Rho i mi beth i'w yfed' gofynnodd Iesu iddi. *'Iddew yn siarad â gwraig o Samaria? Wel, beth nesa' ddaw?* meddai hi wrtho. 'Pe baet yn gwybod beth yw rhodd Duw, a phwy sy'n gofyn hyn iti, *ti fyddai wedi gofyn iddo ef, a byddai ef wedi rhoddi iti ddŵr bywiol'*, oedd ateb Iesu iddi. Fedru di ddim codi dŵr o'r dyfnder yma: a ble mae'r dŵr bywiol gen ti? A wyt ti'n fwy na Jacob ein tad ni? meddai'r wraig eto.

'Fe ddaw syched eto ar y sawl sy'n yfed o'r ffynnon hon: ond pwy bynnag a yfo o'r dŵr a roddaf fi iddo, ni bydd arno syched byth, eithr yn hytrach, mi fydd yn troi yn ffynnon o ddŵr yn tarddu i fywyd tragwyddol', medd Iesu wrthi. 'Syr, rho'r dŵr hwn i mi i'm cadw rhag sychedu a dal i ddod yma i dynnu dŵr,' meddai hi.

'Yr wyt ti'n broffwyd' meddai hi cyn diwedd y stori: 'wn i ddim ble sy'n iawn inni addoli Duw? Ai yma yn y mynydd, neu yn Jerwsalem, fel y dywed Israel?' 'Y mae'r amser wedi dod pan fydd y gwir addolwyr yn addoli'r Tad mewn ysbryd a gwirionedd' esboniodd Iesu iddi.

Gweddi:
Arglwydd ein Duw, dy weld di yn cerdded dy ffordd dros ein llwybrau ni, a chael dy adnabod, fydd ein bywyd yn y byd hardd, ond rhanedig a garwn. Fe gawn dy adnabod wrth un o'n ffynhonnau, hwyrach. Gwyn ein byd bryd hynny, ac fe ganwn byth tra byddwn, Haleliwia.

> 'Roedd syched arno yno
>   Am gael eu hachub hwy
> Mae syched arno eto
>   Am achub llawer mwy.
>   *Thomas William*

Amen.

Mai 24: TYNDRA

Mathew 15:21-28.

Yn yr hanesyn hwn mae Iesu'n gwrthod iachau merch wedi ei meddiannu gan gythraul, am nad oedd yn Iddewes. Nid yw'n deg cymryd bara'r plant a'i daflu i'r cŵn meddai, pan ymgrymodd mam y ferch iddo. A yw tosturi'n dilyn llinellau hiliol? A oedd Iesu'n gul?

Crêd rhai mai siarad â gwên a wnaeth Iesu yma, mai cellwair yr oedd, fel pe'n cymell y wraig i ddal ati i wasgu arno. Yn sicr, wrth sôn am gŵn, y gair am gi anwes a ddefnyddiodd, nid yr un am y mwngreliaid niferus sy'n crwydro heolydd y Dwyrain Canol o hyd. Ac yn y diwedd fe iachaodd Iesu y ferch.

Ond os â gwên y siaradodd, dichon mai gwên flinedig oedd hi; gwên a ddangosai'r tyndra ynddo rhwng y wasgfa i ganolbwyntio ar brif alwad ei fywyd, (yn ôl un–rhyddhau ar gyfer dynoliaeth gyfan y trysorau a gasglwyd yn y ffydd Iddewig) ac ar yr un pryd wynebu holl alwadau eraill rhesymol bywyd.

I bob Cristion sy'n gwybod am y tyndra rhwng yr awydd i gyfyngu egni bywyd at hyn a hyn o bethau, yn hytrach nag ymateb i bob galwad a ddaw ar ein traws, gall fod yn fendith i sylweddoli fod Iesu wedi gorfod cario'r tyndra yna.

Gweddi:
O Dduw ein harweinydd a'n brenin, rhoddaist i ni fywyd i'w fyw, a hwnnw'n fywyd ag iddo weddau amrywiol. Caniata i ni'r llawnder o brofi'r gweddau i gyd sy'n agored i ni'n bersonol, eu byw, a chynorthwya ni i gadw'r gweddau gwahanol mewn perthynas greadigol â'i gilydd.

Cynorthwya ni i bwyso'n iawn hawliau'r pell a'r agos, hawliau'r heddiw a hawliau'r yfory. Gofynnwn yn arbennig i ti am ein cadw ni rhag cael ein tynnu gymaint i bob cyfeiriad fel na allwn ni wneud cyfraniad sylweddol mewn bywyd, ond ar y llaw arall, cadw ni rhag bod mor hunanbwysig â chredu fod galwadau manaf bywyd islaw ein sylw ni.

Bydded i ysblander a gogoniant Iesu hefyd beidio â chuddio i ni brofiadau dynol o'i eiddo ef sy'n caniatáu i ni nesu ddigon ato i fedru cyffwrdd ag ymyl ei wisg.
Amen.

Mai 31: DYLANWAD Y PENTECOST–ERLID

ERLID

Actau 9:1-9; 10-19; Actau 2:5-13; 14-25; Actau 4:12.

Erbyn hyn y mae ffrindiau Iesu, yr apostolion, *wedi* cael eu geni o'r newydd. Daeth eu tafodau yn rhydd i fedru siarad–heb atal dweud–y gwir llawn am Iesu o Nasareth. Pedr sydd yn cyhuddo cyhuddwyr Iesu: 'ac fe groesoeliasoch chwi ef drwy law estroniaid a'i ladd. Ond cyfododd Duw ef.' Jerwsalem yn lladd y Gwaredwr! Dyma bennawd i ddenu darllenwyr *News of the World!*

Y mae'r stori yn mynd rhagddi. Y mae Saul, bellach, ar ei ffordd i Damascus, ac yn bwriadu llanw carchar neu ddau gyda phobl y 'Ffordd'. Yr Ysgrifenyddion yn ei ganmol yn fawr. Yn ddi-rybudd, fe'i lapiwyd mewn gweledigaeth a'i fwrw i'r llawr gan ryw rym rhyfeddol, a chlywodd lais yn ei gyhuddo fel hyn: 'Saul, Saul, pam yr wyt ti yn fy erlid i? Fe wyddai Saul heb amau mai gweithred Duw oedd hon: 'pwy wyt ti, Arglwydd?' meddai. 'Iesu wyf fi, yr hwn yr wyt ti yn ei erlid'. Druan o bechadur uniongred! Sut yn y byd y medrai ef Saul, wybod mai corff newydd Iesu a groeshoeliwyd oedd pobl y 'Ffordd', ac yntau mor gydwybodol yn eu herlid a'u lladd? Mae'r dioddefwr yn barnu'r barnwr yma eto. Aeth yr 'hen' bethau arferol, heibio, ac y mae popeth yn newydd i Paul!

Yr oedd Iesu wedi wylo dros Jerwsalem. Jerwsalem oedd llestr gobaith y genedl, ond llestr brau oedd hi pan ddaeth ei hawr! Mae'r Ysbryd bellach ar daith tua chyrrau pella'r byd.

Gweddi:
Wrth glywed, ac wrth ystyried, hynt a helynt pobl y 'Ffordd', Arglwydd, dyna denau yw swmp ein gwaith ni heddiw. Wyt ti yn torri dy galon lân o'n hachos ni? Oni bai am dy Ysbryd Glân yma yng Nghymru nawr, fedrwn ni ddim dirnad cymaint fyddai distryw y lle. Y mae yma gariad, ac y mae yma ymdrech i helpu ac i wella pethau,–fel y gwyddon ni i gyd. Mae yma bobl sydd yn hardd o ifanc. Ai anghofio sut mae diolch yw y drwg? Diolch i bobl y 'Ffordd', falle. Mewn carchar neu ble bynnag y maen nhw. Agor ein llygaid i ni gael ein dallu a'n bwrw oddi ar ein traed hyderus gan harddwch dy gwmni. Diolch eto am lwybr gweddi.
   Amen.

Mehefin 7: PROFFWYD MEWN PYDEW

Darllen: Jeremeia 38:1-13.

Stori am broffwyd mewn pydew a geir yn y darlleniad; lle rhyfedd iawn i broffwyd! Ond rhyfeddach fyth yw darllen am yr amgylchiadau a arweiniodd at hynny.

Oblegid ei drosodd y rhoddwyd Jeremeia yno, a'i drosedd oedd iddo ddweud y gwir am ragolygon ei ddinas. Am ei drafferth, fe'i gollyngwyd i bydew: '. . . rhodder y dyn hwn i farwolaeth; oblegid y mae'n gwanhau dwylo gweddill y milwyr sydd yn y ddinas hon, a phawb o'r bobl, trwy lefaru fel hyn wrthynt'.

Buom ninnau, bawb ohonom, yn y lle tywyll a lleidiog hwnnw rywdro. Ond y pydew dyfnaf a thywyllaf yw'r profiad o gael ein herlid am lynu wrth y gwir, a pharhau'n ffyddlon i'n gweledigaeth. Gŵyr y 'proffwyd' gystal â neb am unigrwydd y profiad hwnnw.

Ond, diolch i Dduw, mae gwaredigaeth i'w chael o'r pydew dyfnaf y gall gelyniaeth ei gloddio. A chyfrwng y waredigaeth yn fynych yw rhyw Ebedmelech tosturiol sy'n gosod hen garpiau a bratiau'r grasusau dwyfol dan ein ceseiliau i'n codi o'r llaid.

Gweddi:
Drugarog Arglwydd, cofiwn heddiw bawb sy'n cael eu herlid am eu safiad o blaid y gwir, dros wyneb y ddaear.

Cofiwn y rhai sy'n cael eu herlid yn gorfforol, a'u clwyfo—ar dro hyd angau—oherwydd eu cred a'u hargyhoeddiad, a'u carcharu yn enw cydwybod, gan bydru mewn pydewau a gloddir gan gyd-ddyn.

Cofiwn hefyd y rhai sy'n suddo i bydew anobaith a thorcalon, a hynny am iddynt dalu pris drud am eu hargyhoeddiadau a'u daliadau, gan ddioddef sen a gwawd, gwatwareg a gelyniaeth. Arglwydd, trugarha wrthynt, a'u codi o'r pydew sy'n cau amdanynt. Cadw hwy'n felys eu hysbryd, a'u gwared rhag y torcalon sy'n dod o deimo'n unig a gwrthodedig.

Gwared ni, bawb ohonom, Dad trugarog, rhag y pydew sy'n garchar inni, beth bynnag y bo, boed ofn, neu ddiffyg hyder, neu fethiant, neu afiechyd, neu unigrwydd. A chaniatâ inni deimlo dy freichiau tragwyddol oddi tanom yn ein cynnal a'n codi, trwy Iesu Grist dy Fab.
Amen.

Mehefin 14: NESÁU AT DDUW

Salm 73; Marc 5:25-34; Luc 20:24-31.

Mynegi argyhoeddiad godidog a wna'r salmydd yn y salm hon, ar ôl brwydro â llawer o amheuon. Y mae yn addolwr cyson, ac eto'n cyffesu iddo'i chael hi'n anodd, ar un adeg, i barhau felly. 'Minnau', meddai 'braidd na lithrodd fy nhroed, prin na thripiodd fy ngherddediad.' Achos ei benbleth oedd llwyddiant yr annuwiol, tra 'roedd ef, a geisiai rodio yng nghyfraith yr Arglwydd, mewn helynt byth a hefyd. Pan oedd yn y dryswch meddwl yma y gofynnodd pa les oedd mewn ymdrechu byw yn dda? 'Diau', meddai 'mai yn *ofer* y glanheais fy nghalon, ac y golchais fy nwylo mewn diniweidrwydd'. Ag yntau yn y dryswch meddwl hwnnw, aeth i'r oedfa unwaith eto, a dyna pryd y torrodd y wawr arno. Fe welodd mai byrhoedlog ac arwynebol oedd llwyddiant yr annuwiol, ac mai testun tosturi oeddynt yn hytrach nag eiddigedd.

Uchafbwynt ei brofiad oedd sylweddoli mai bendith fawr Duw i'w blant, oedd ef ei hun! 'Nesau at Dduw' yn hytrach na *gwybod amdano* 'sydd dda i mi'.

Y mae'r stori sydd gan Farc yn cadarnhau y gosodiad yma. Hanes y wraig a ddioddefodd ddeuddeg mlynedd o waedlif hyd nes iddi, â'i gwynt yn ei dwrn, wthio'i ffordd drwy'r dorf er mwyn *iddi fedru cyffwrdd ymyl gwisg Iesu.*' A chael iachad. Gwahodd pobl ato y mae Iesu.

Gweddi:
Hollalluog Dduw, addolwn di a mawrygwn dy enw sanctaidd. Fe ddiolchwn nad wyt ti un amser nepell oddi wrth y sawl sydd yn dy geisio, a bod pawb sydd yn dy geisio yn dy gael. Gelwaist ni i ymhyfrydu yn dy foliant, canys ti a'n creaist er dy fwyn dy Hun, ac ni chaiff ein calonnau orffwysfa hyd oni orffwysant ynot ti. Glanha feddyliau'n calon, a sancteiddia ni yn dy wirionedd fel y rhoddwn i ti ogoniant dy enw ac yr addolom di ym mhrydferthwch sancteiddrwydd.
Amen.

Mehefin 21: DRAMA

Luc 9:1-10.

Drama fer yw'r darlleniad uwchben. Yr amser: rhyw ddiwrnod gwaith yn O.C. Y lle: Ffordd Fawr, Jericho, De Palestina. Y gynulleidfa: tyrfa ar ochr y ffordd.

Dau gymeriad: rabi ifanc adnabyddus o'r gogledd, Iesu, sy'n gwella pobl a dysgu pethau diddorol-awdurdodol, sy'n cerdded drwy'r dref, ac wedi dod i'w weld mae'r dyrfa. Y llall: Sacheus, dyn byr, cyfoethog, casglwr trethi i oresgynwyr y wlad, y Rhufeiniaid.

Golygfa gyntaf: Sacheus, wedi methu â gweld Iesu, achos y dyrfa, yn rhedeg ymlaen a dringo coeden.

Ail olygfa: Iesu dan y goeden, yn edrych lan at Sacheus, ac yn dweud wrtho–dyn mwyaf dirmygedig ac atgas y dref–fod yn rhaid iddo ef, Iesu, aros yn ei dŷ y diwrnod hwnnw. Pobl yn barnu Iesu–lletya gyda dyn pechadurus!

Golygfa olaf. Sacheus yn ei groesawu'n llawen, yn addo talu'n ôl hyd bedair gwaith arian a gymerodd ar gam, a rhoi hanner ei dda i'r tlodion.

Dau fath ar grefydd: un yn gwahanu, y llall yn codi pontydd, un sy'n gweld pobl fel y maent, y llall yn gweld pobl fel y gallant fod.

Gweddi:
Fe'n gelwir i fod yn wahanol, O Dduw, i fyw yn ôl dy ewyllys di, i fod yn bobl i ti. Ond fe'n gelwir hefyd i ymladd y demtasiwn i feddwl fod hynny'n ein gwneud yn well nag eraill. Dysg ni fel mae byw'n greadigol a chariadus â'r tyndra yna.

Yr oedd Iesu'n cynnwys yng ngylch ei ddiddordeb pobl yr oedd rhai eraill yn eu hystyried yr ochr arall i'r ffin. Dysg i ninnau symud allan y tu hwnt i ffiniau y cymdeithasau y perthynwn ni iddynt, ac i ddeall mai rhan fawr o fywyd yw croesi ffiniau o bob math, mai rhan fawr o fwynhad bywyd yw gweld yr hyn sydd yr ochr draw, ymddiddori ynddo, ceiso deall ei arbenigrwydd, a gweld ôl dy fysedd di arno.

Dysg ni i grefydda mewn ffyrdd sydd, nid yn cyfyngu bywyd i ni, ond yn ehangu ein gorwelion, yn cyfoethogi'n heneidiau, a thrwy hynny'n dy fodloni di.
Amen.

Mehefin 28: DAFYDD YN LLADD GOLIATH

I Samuel 17:12-54.

Mae gwahanol fersiynau o'r stori hon wedi eu hadrodd ar hyd y canrifoedd, mewn straeon antur a ffilmiau o bob math. Y dyn bach–yr 'underdog'– yn curo'r arwr, grymus, swyddogol. Dyna ydi stori ffilm lwyddiannus gyntaf yr actor Sylvestor Stalone–Rocky I. Bocsiwr, heb urddas na hunan barch yn graddol sylweddoli ei fod cystal â neb ac yn dod yn bencampwr byd.

Mae hanes Dafydd llawn mor gyffrous. Ar ymweliad â'i frodyr yn y fyddin mae'n gweld Goliath yn herio a gwawdio'r Israeliaid. Mae'n gwylltio ond does neb am wrando arno: mae ei frawd ei hun am ei hel yn ôl at y defaid. Dyw Saul ddim yn ei gredu, ac yna cawn y darlun digrif o Dafydd yn ceisio gwisgo arfwisg anferth y Brenin. Ond mae Dafydd yn trechu yn y diwedd trwy fod yn fo'i hun, nid trwy ddynwared ffyrdd pobl eraill. Llwydda am ei fod yn ddewr, yn eofn ac yn barod i herio'r ymladdwr peryclaf. Llwydda hefyd trwy fod yn gyfrwys, nid trwy gystadlu â'r gelyn ar ei delerau ei hun.

Mae stori Dafydd yn un ryfeddol ac anhygoel ar lawer cyfrif. Ond onid yw yn cynnig her ac esiampl i ninnau heddiw?

Gweddi:

Arglwydd

Rydym yn gweddio arnat heddiw i roi i ni beth o'r dewrder a sicrhaodd fod Dafydd wedi trechu Goliath er gwaetha'r holl anhawsterau.

Gad i'r ifanc heddiw feddiannu peth o'r ysbryd a roddodd y fath hyder i'r llanc Dafydd gynt. A gad i'r eglwysi yng Nghymru ddangos yr un ffydd yn eu hieuenctid ag a ddangosodd Saul ym mab Jesse.

Yn y llanast cymdeithasol a welwn o'n cwmpas gad i'r eglwys weld ei chyfle i frwydro dros y pethau gorau.

A gad i ni fel aelodau ddefnyddio pob dawn a phob cyfrwng i gyflawni gwaith Teyrnas Dduw.
Gofynnwn hyn yn enw ac yn haeddiant Iesu Grist ein Harglwydd. Amen.

Gorffennaf 5: YR HEN A'R IFANC

I Samuel 9:15-24.

Cyfarfyddiad rhwng dau berson. Samuel, y Barnwr olaf, cynrychiolydd trefn yn darfod, henwr mawr ei barch, wedi gwneud ei gyfraniad, a Saul, llanc di-nôd, a dim o'i blaid ond pryd a gwedd. Saul yn chwilio am asynnod ei dad, ac wedi clywed y gallai Samuel helpu mewn mater fel hyn. Duw wedi dweud wrth Samuel y byddai ef yn ordeinio Saul yn dywysog ar ei bobl, a Saul yn gwybod dim oll am fwriad Duw ar ei ran.

Pan gyfarfu'r ddau, roedd Samuel ar fin arwain gorymdaith i fyny i lecyn ar ochr y mynydd, yr uchelfa, i aberthu i Dduw. Ac er nad oedd Saul yn deall pam, gwahoddodd Samuel ef i'w flaenori yn yr orymdaith, a rhoddodd iddo le blaen mewn gwledd yn dilyn.

Beth oedd ym meddwl Samuel? Yr oedd Samuel, medd un sylwedydd, yn awyddus i ddeffro meddyliau a dyheadau newydd ac aruchel yng nghalon ifanc Saul. Onid dyna brif ddyletswydd y genhedlaeth hŷn tuag at bobl iau ym mhob oes?

Gweddi:
Plant i ti ydym ni oll, O Dad, ond mae rhai ohonom yn hŷn, ac eraill yn iau. Cafodd llawer ohonom sy'n hŷn fyd da ohoni. Cawsom rieni a theuluoedd ac athrawon ymroddgar. Cawsom addysg, cyfle i weld ychydig o'r byd, a magwraeth mewn eglwysi bywiog. Ond fe wêl y genhedlaeth a'n dilynodd briodasau'n methu a theuluoedd yn gwasgaru. Aeth sefydliadau addysg yn aml yn ffatrïoedd ffeithiau yn hytrach na chanolfannau tyfiant personau cyfain. Ymladd am eu heinioes a wna mwy a mwy o gapeli'n tir.

Cynorthwya ni sy'n hŷn, O Dduw, i wynebu'r alwad i fod yn gefn i'r ifanc sy'n chwilio am fodelau da. Helpa ni i ddilyn Iesu drwy ymwadu â'r boddio o'r hunan sy'n gymaint nodwedd o'n cymdeithas gyfoes. Arwain ni tuag at fywydau a fydd yn ddadleuon cryf yn erbyn amheuaeth a siniciaeth. A chaniatâ i ni weld hynny'n fraint aruchel.
Amen.

Gorffennaf 12: Y CADARN GONCRIT

Darllen: 1 Samuel, 17; adn. 38-55.

Y mae'r Philistiaid eto'n fyw a'r gair Philistiaeth yn rhan o eirfa heddiw. 'Un sydd a'i ddiddordebau yn faterol a chyffredin' yw disgrifiad un geiriadur o'r Philistiad modern. Dioddefodd llenorion a beirdd eu hymosodiadau a diddorol yw teitl cyfres Saunders Lewis, *Yr Artist yn Philistia*. Dioddefodd yntau ei hunan yn yr un modd ac yn ei gerdd *Cymru 1937* y mae R. Williams Parry yn erfyn fel hyn: 'Gwna ddaeargrynfeydd dan gadarn goncrit Philistia'. Caled ac oer ydyw concrit ac anodd yw torri trwyddo. Gŵyr artist a phroffwyd hynny ond yn rhy dda.

Ysbrydolwyd Dafydd wrth gofio brwydrau a buddugoliaethau y gorffennol (adn. 34 a 35). Peidiwn ninnau fyth ag anghofio ymdrechion y tadau a'r mamau gynt, '. . . y rhai trwy ffydd a oresgynasant deyrnasoedd, a wnaethant gyfiawnder, a gawsant addewidion, a gauasant safnau llewod.' Ysbrydolwyd ef ymhellach drwy wrthod gwisg ac arfau Saul. Yr un oedd y rhai hynny ag eiddo'r Philistiaid eu hunain. Nid yw malais a chenfigen na thrais na dialedd yn gweddu i'r Cristion. Ni all fod yn gyfforddus yn y gwisgoedd hynny. 'Gadewch inni, felly, roi heibio weithredoedd y tywyllwch, a gwisgo arfau'r goleuni. Gwisgwch yr Arglwydd Iesu Grist amdanoch; a diystyrwch y cnawd a galwad ei chwantau ef'.

Gweddi:
Arglwydd, gwared ni rhag ein dal ym magl Philistiaeth. Gwyddost ti mor gryf yw'r demtasiwn, mor ddeniadol yw'r abwyd. Ysgubwyd llawer un ymaith ar flaen llifeiriant y fateroliaeth sydd ar ruthr yn ein cymdeithas. Cymorth ni i wrthsefyll a chadw'n traed yn ddiogel ar 'y graig a ddeil yng ngrym lli'. Hynny yn unig a'n ceidw rhag edrych ar yr ysbrydol â llygaid y materol, rhag gweld y drwg heb ei gasau, rhag tybio fod i'n herbyn y pethau sydd o'n tu, rhag wfftio proffwyd a gwrthod ei rybuddion.

Yn y frwydr â'r diafol cyfaddefwn i'th Eglwys ddwyn arfau'r diafol ei hunan yn ei erbyn. Llawer tro y bu inni dalu cas am gas, trais am drais a drwg am ddrwg. Dangos i ni 'y ffordd dra rhagorol'. Y mae pob ffordd arall yn ein harwain tuag yn ôl. Hon yn unig yw'r ffordd ymlaen. Hon yw ffordd y fuddugoliaeth. Y mae pob ffordd arall yn arwain i uffern fwy. Ond 'ffordd newydd wnaed gan Iesu Grist i basio heibio i uffern drist.' Cynorthwya ni i'w rhodio a chynorthwya dy Eglwys wrth iddi frwydro ag arfau glân.
       Na chaffed bwyso ar y byd,
       Nac unrhyw fraich o gnawd.
Er mwyn Iesu a'i Deyrnas.
Amen.

Gorffennaf 19: HEB EI FAI . . .

2 Samuel 12:1-7.

Dyn mawr oedd Dafydd frenin, hyd yn oed yn ei feiau. Yr oedd ganddo wragedd lawer, ond un diwrnod godinebodd â Bathseba, unig wraig Ureia, milwr ffyddlon iddo a oedd ar faes y gad. Ond beichiogodd Bathseba. Trefnodd Dafydd i Ureia gael ei ladd, ac yna priododd Bathseba.

Yr oedd brenin yn Israel bryd hynny yn farnwr hefyd. Daeth y proffwyd Nathan at Dafydd un diwrnod, a gofyn iddo roi dedfryd ar achos. Adroddodd am ddyn cyfoethog, pan ddaeth ymwelydd ato, yn lle cymryd un o'i lu anifeiliaid ei hun i wneud pryd iddo, yn cymryd oddi wrth ddyn tlawd ei un oenig, a oedd wedi ei magu fel merch iddo. Y mae'r dyn hwn, meddai Dafydd, yn haeddu marw. Ti, medd Nathan, yw y dyn.

Gweddi:
Er gwybod nad oes dim yn guddiedig oddi wrthyt, O Dduw, haws gennym gydnabod ger dy fron ein bod yn bechaduriaid, na chydnabod beiau personol sylweddol. A rhan o'n cuddio oddi wrthyt ti yw cuddio oddi wrthym ein hunain.

Gwyddom mai prin yr awn o'r byd wedi wynebu'n holl feiau, ond does neb ohonom yn ddigon mawr i feddu mwy na mwy o rai sylwedol. Oherwydd y rhyddid a'r gobaith, a'r cyfle i ddeall yn well dy ras di, ym mhob hunan-adnabyddiaeth, dyro i ni weld y mwyaf o'n beiau fel y gwêl eraill hwynt. Diolchwn am bob cyfrwng sy'n help i ni wneud hynny. Diolchwn am feirniadaeth câr, am ambell wir yn enllib gelyn, am brofiadau sy'n dweud wrthym ein bod ar gyfeiliorn.

Cadw ni er hynny rhag ymollwng i euogrwydd di-ffrwyth, neu hunan-dosturi afiach. Cŵyd ni ar ein traed, os gweli'n dda i fywyd gwell.
Amen.

Gorffennaf 26: PETHAU I'W GWNEUD DROSOM EIN HUNAIN

II Samuel 24:17-25.

Un tro (ddechrau'r ddegfed ganrif C.C.), pechodd y brenin Dafydd yn erbyn Duw, medd ein darlleniad, ac anfonodd Duw haint ar bobl Israel. Yn ymyl llawr dyrnu Arafna y Jebusiad, dywedodd Dafydd wrth Dduw, 'Fi a bechodd, bydded dy law yn f'erbyn i.' Cynghorwyd Dafydd gan Gad, ei weledydd personol, i godi allor i Dduw ar lawr dyrnu Arafna. Aeth Dafydd at Arafna i brynu'r llawr dyrnu, a dweud pam. 'Cymer ef' meddai Arafna, 'a dyma ychen ar gyfer yr offrwm, a'r sled dyrnu ac iau'r ychen yn danwydd, cymer y cyfan yn rhodd.'

Mae pethau na allwn eu gwneud drosom ein hunain. Os na fydd eraill yn eu gwneud drosom, byddant heb eu gwneud. Ond mae pethau na all neb eu gwneud ond ni ein hunain. Ni all neb wrando ar gyfaill yn ein lle, na sefyll ar egwyddor ar ein rhan.

Ateb Dafydd i gynnig Arafna oedd, 'Na, rhaid i mi ei brynu gennyt am bris. Nid wyf am aberthu i'r Arglwydd boeth-offrwm di-gost.' Gyda'i holl wendidau, dyn oedd Dafydd a welodd ambell beth yn glir. Un ohonynt oedd, na all neb ymateb i Dduw drosom ni.

Gweddi:
Pethau nad ydym eisiau eu gwneud, O Dduw, yw llawer o'r pethau pwysicaf i ni eu gwneud. Gwaith rhwydd yn aml yw ildio i'r demtasiwn o gredu y gall rhywun eu gwneud yn ein lle ni, a gadael i eraill, hyd yn oed eu cymell efallai, i wneud hynny. Cynorthwya ni i fod yn ddigon aeddfed mewn bywyd a ffydd i adnabod y mathau o bethau y mae rhaid i ni ein hunain fod yn gwbl bresennol ynddynt, os nad ydynt, o'n rhan ni, i fod yn ddiwerth a dirym.

Dysg i ni adnabod, o blith y pethau na all neb eu gwneud trosom ni, y pethau y byddwn ni'n bersonol yn ceisio osgoi eu gwneud, a'u gadael i eraill. A dysg ni i gofio mor dyngedfennol ddyledus ydym i Iesu am iddo fod mor llwyr bresennol yn ei gariad ef drosom ni.
  Amen.

Awst 2: CARU DRWY OLLWNG GAFAEL

I Brenhinoedd 3:16-27.

Dwy fenyw a baban gerbron Solomon. Y ddwy fenyw yn byw yn yr un tŷ. Y naill a'r llall yn mynnu mai hi oedd mam y baban. Y naill yn dweud fod y llall wedi gorwedd ar ei baban ei hunan un noson a'i fogi, yna wedi dwyn ei baban hi. Y llall yn gwadu hynny.

Rhan o waith brenin oedd barnu rhwng ei bobl. Nid oedd gan un o'r menywod hyn ŵr, ac nid oedd gan Solomon na thyst na phrawf gwaed i'w helpu. Mentrodd gredu pe pwysai ddigon ar gariad y wir fam y deuai ei chariad i'r golwg rywsut. 'Rhennwch y baban yn ddau' meddai, 'hanner i'r naill a hanner i'r llall'.

Pwy fentrai amau nad oedd y brenin newydd (deunaw oed yn ôl un llawysgrif) o ddifrif. 'Na' meddai un, 'rhoddwch y baban i'r llall'. 'Dyna'r fam' meddai Solomon.

Ddechrau ei frenhiniaeth, cynigiodd Duw ddymuniad i Solomon, a doethineb i farnu ei bobl a fynnodd. Amcan y stori hon yw dangos hynny. Ond am ei bod yn troi o gwmpas cariad y wir fam, mae'n ddameg hefyd, yn dangos i ni mai'r unig ffordd i garu weithiau, i ddiogelu gwrthrych ein serch, yw drwy ollwng gafael.

Putain oedd y wir fam yna. Mae Duw fel petai'n mynnu weithiau ein bod ni'n dysgu gwersi mawr, gan rai sy'n golygu nad oes dim lle i falchder yn ein dysgu.

Gweddi:
Dduw gofalgar, maddau i ni ein bod weithiau'n meddwl amdanat yn unig fel un sy'n ymwneud â ni ond yn ein hargyfyngau—yn nyfnder ein methiant, neu yn wyneb Angau Gawr. Gwaith bob dydd i Solomon oedd barnu. Yr wyt ti yn Dduw ein bywyd bob dydd ninnau, yn ein cymell i dderbyn dy rodd o ddoethineb fel y gallom ninnau, pan fydd raid, farnu yn gywir a theg.

**Rho i ninnau felly y gallu i ddeall yn well y natur ddynol, yn ei chymhlethdod a'i dirgelwch, fel y gallom, yng nghanol dryswch bywyd, yng nghanol galwadau gwaith a hamdden, teulu a chymdeithas, fod yn offerynau dy ddoethineb di, drwy farnu'n gyfrifol a chreadigol, a thaenu ar led dy wirionedd a'th gyfiawnder di.
Amen.**

Awst 9: CLYWED YR HYN SY'N LLES I NI

I Brenhinoedd 22:1-38.

Tra 'roedd Jehosaffat brenin Jwda yn aros gydag ef, penderfynnodd Ahab, brenin Israel, adennill Ramoth Gilead oddi wrth Syria. Gofynnodd i Jehosaffat a ddeuai gydag ef yn erbyn Syria. 'Wrth gwrs' meddai hwnnw, 'ond myn air Duw yn gyntaf hefyd.' Casglodd Ahab broffwydi Israel ynghyd, tua phedwar cant ohonynt. Roeddynt yn unfryd y rhoddai Duw Ramoth Gilead yn ei law.

'A oes proffwyd arall?' gofynnodd Jehosaffat. 'Oes' meddai Ahab, 'Michea fab Imla, eithr dim ond proffwydo drwg i mi y mae hwnnw.' Perswadiodd Jehosaffat Ahab i yrru amdano. I ddechrau cytunai Michea â'r lleill, ond gwasgodd Ahab arno ac yn y diwedd dywedodd mai tranc fyddai yn disgwyl Ahab yn Ramoth Gilead. Bwriodd Ahab Michea i'r carchar, aeth ef ei hun i fyny i Ramoth Gilead, a lladdwyd ef.

Y cyngor y mynnwn ei glywed y gwrandawn arno'n aml, hyd yn oed pan fyddwn yn amau nad yw er ein lles. Mae digon sy'n barod i estyn y cyngor hwnnw i ni. Mae Duw yn aml yn darparu ar ein cyfer gyngor sydd er ein diogelwch. Ein lles ni yw ei dderbyn.

Gweddi:
Er mor hyblyg y gallwn ni fod mewn rhai pethau, O Dad, mewn pethau eraill rhai digon gwargaled ydym, ac yn dangos hynny drwy fynnu ein ffordd ein hunain weithiau, doed a ddelo. Dysg i ni fod yn ddigon ystwyth ein hewyllys i wrando a dilyn y cyngor da sy'n groesgraen i'n hawydd personol. Dysg i ni adnabod y gwahaniaeth rhwng bodloni awydd dros dro a dilyn ein lles parhaol.

Mae lleisiau dirif o'n cwmpas ni, yn galw arnom i droedio'r llwybr hwn, i gymryd y cam acw. Dysg i ni adnabod lleisiau'r rhai sydd, yn hytrach na cheisio ein plesio, a gwneud elw ar ein cefn, yn ein galw ac yn ein herio i gerdded ar hyd y llwybrau sy'n arwain i ddiogelwch ac i borfeydd gwelltog bywyd.

Dyro i ni glust denau i wrando ar blant a chyfeillion sy'n wyliadwrus o'n lles. Datgela i ni'r cymwysterau sy'n brawf diymwad mai yn dy enw di y bydd proffwyd yn llefaru, a bydded i ni wneud amser i wrando'n astud ar y llef ddistaw fain sydd weithiau'n sibrwd gair y bywyd yn ein calonnau ein hunain.
Amen.

Awst 16: MENTRO DWEUD A GWNEUD

Darllen: 2 Brenhinoedd 6:24-32, 7.

Y mae'r fintai fach o wahangleifion wrth y porth mewn cyfyng gyngor. Marw o newyn yn y ddinas neu fentro allan i ganol y gelynion a wynebu'r posibilrwydd o gael eu lladd. Felly mentro amdani. A wedi mentro cael nad oedd yno elyn wedi'r cwbl. Oni fyddwn ni weithiau yn gweld gelynion pan nad oes rai mewn gwirionedd, yn creu bwganod yn ddiangen? Brawychwyd y disgyblion gan beryglon y storm ar y môr ond mentrodd Pedr i'r dyfroedd a chael fod yr Iesu yno i'w gyfarfod. Rhybuddiwyd Martin Luther rhag mynd i Augsburg gan fod yno fwy o elynion yno nag o lechi ar doeau'r tai. Ond mentro a wnaeth gan wybod fod ei Arglwydd yno hefyd.

Cafodd y gwahangleifion fod y gelyn wedi diflannu. Mwy na hynny yr oedd yn y pebyll fwy na digon o fwyd ac arian a mawr fu'r gwledda. Yn sydyn cofiwyd fod y trigolion eraill yn newynu yn y ddinas. Yna dyma nhw'n dweud wrth ei gilydd, 'Nid ydym yn gwneud y peth iawn; dydd o newyddion da yw heddiw, a ninnau'n dweud dim'. (7, 9). Tybed a aethom ninnau yn rhy dawedog ynghylch y newyddion da? Y mae digonedd o ymborth ar gyfer pawb. Gweithreder hynny. Y mae gennym neges o lawenydd mawr. Cyhoedder hynny. 'Ni allwn ni dewi â sôn am y pethau yr ydym wedi eu gweld a'u clywed.' (Actau 4:20).

Gweddi:
Maddau i ni O Arglwydd ein bod ni mor aml yn cwyno yn lle seinio cân; yn rhy barod i weld y bedd a'r meini mawrion a heb weld angylion Duw. Cyfaddefwn fod y dyddiau yn ddrwg a bod gelynion ar bob llaw. Eto gwared ni rhag creu gelyn lle nad oes un, rhag dychmygu anhawsterau na sy'n bod. Y mae perygl inni ymdrybaeddu mewn hunan dosturi a throi cân yr angylion yn farwnad nes peri i eraill droi ymaith ac ymwrthod â thydi. Os rhoddwyd i ni faich yr Arglwydd i'w gario cofiwn hefyd fod gyda ni Arglwydd i'n cario ni; os rhoddwyd i ni Achos i'w gynnal, cofiwn fod gyda ni Achos i'n cynnal ninnau.

Cadw ni hefyd rhag mynd yn gybyddion ysbrydol. Wrth ymdrechu byw ar draul eraill yr ydym ar lwybr marwolaeth; wrth droi popeth i'n melinau ni ein hunain fe beidia'r rhod â throi. Am hynny, gweddiwn ar i ti fywhau dy waith yn ein calonnau, o fewn dy dŷ, o fewn ein tir a thros derfynau'r ddaear lawr.
Amen.

Awst 23: Y MODDION

2 Cronicl 7; Datguddiad 3:14-22; Mathew 25:1-13.

Y mae'n edrych fel pe bai awdur y ddau lyfr Cronicl yn ceisio'i orau i gadw i'r oesoedd a ddêl nifer o fanylion stori Duw ac Israel wrth i'r naill geisio deall meddwl y llall. Yma, yn y bennod hon, fe ddaw atom sŵn ac arogl fflamau yn ysu'r poethoffrwm a'r aberthau. Llanwyd y Tŷ newydd a godwyd yn deml i'r Arglwydd â gogoniant yr Arglwydd ac ni fedrwn ni ond ceisio dychmygu adwaith y bobl oedd yno yn *gweld* y cyfan. Gwyn eu byd y rhai sydd wedi eu hysgwyd o drwmgwsg ysbrydol gan ofnadwy ogoniant y Duw byw!

Pobl wrth eu bodd yn addoli ac yn aberthu yw cymeriadau'r stori yma. Dan arweiniad y brenin Solomon y daeth i fod y berthynas gynnes bresennol rhyngddynt â Duw. Os bydd y bobl 'a elwir wrth fy enw, yn ymostwng a gweddio, a'm ceisio a dychwelyd o'u ffyrdd drygionus, yna fe wrandawaf o'r nef, a maddau eu pechod ac adfer eu gwlad'.

Duw sydd yn dymuno yn dda ydyw! Un o rasusau bywyd yw *ymostwng*. Ni ddigwyddodd dim o bwys ym mywyd yr eglwys heb ei baratoi gan weddi. Credwch, da chi, ac ystyriwch mai Duw sydd yn gwrando yw ein Duw ni. Y mae hunan-aberth ac y mae gwaed yno yn amlwg i'w gweld yn stori'r Ffydd heddiw.

Gweddi:
Bydd gyda ni, Dad y greadigaeth i'n deffro i'th alwad ac i'th awdurdod. O! am i'n henaid ddihuno i groesawu eto wawr dy iachawdwriaeth. Dangos inni y gwir syched sydd arnom o Dduw: am y moddion sydd gennyt ar gyfer ein heisiau ni. Ti sydd wedi rhoi o'n mewn anniddigrwydd nas dileir. 'Yn wir, tyred Arglwydd Iesu' yw ein gweddi. O!, tyred i'n hiachau, Garedig Ysbryd. Arhosed dy ogoniant yn y byd.
Amen.

Awst 30: GWRANDO'R MEINI

Deuteronomium 34; Joshua 4:10-24; I Pedr 2:4-8.

Cyhoeddwyd chwe diwrnod o alar swyddogol yn China pan fu farw Deng Xiaoping. Wedi marw Moses ar ben Pisga a chyn croesi trosodd i wlad yr addewid wylodd yr Israeliaid yn rhosydd Moab am ddeng niwrnod ar hugain. Gorchmynodd Duw i Joshua fab Nun i oresgyn Canaan.

Rhaid oedd iddynt groesi'r Iorddonen, a dyna yn union a wnaed, a hynny heb fawr ofid oherwydd i Dduw oedi ffrwd yr afon o'u blaen. Fe safodd yr offeiriaid oedd yn cario arch cyfamod yr Arglwydd a'u traed yn sych ar ganol gwely'r afon drwy adeg y croesi. Yna gorchmynnwyd deuddeg gŵr, un o bob llwyth, i godi deuddeg maen o'r fan lle safodd yr arch, a'u cludo i Gilgal gerllaw Jericho. Dyna'u noson gyntaf yng ngwlad yr addewid.

'Pan fydd eich plant yn gofyn i'w rhieni yn y dyfodol, 'beth yw ystyr y meini hyn?' dywedwch wrthynt yr hyn a wnaeth yr Arglwydd eich Duw y dydd hwn. Y mae holi ac ateb ynglyn â'r meini wedi digwydd yn gyson oddi ar hynny hyd yn awr.

Y mae meini yn dystion i ffydd a chrefydd llawer llwyth a chyfnod a chenedl. O fryniau Preselau y cyrchwyd meini Côr y Cewri sy gerllaw i Gaersallog, a beth am biramidiau'r Aifft? Y mae gwrando ar yr hyn sydd gan y meini i'w ddweud yn medru datod rhai o glymau hanes. Y mae rhai o blant Cymru eisoes yn holi, beth yw ystyr meini capel, ac eglwys, a chartref.

Gweddi:
**Dduw Dad, yma ymhlith holl ryfeddodau'r greadigaeth mor rhwydd ac mor weddus, yw meddwl meddyliau hardd amdanat ti. Fe geisiwn fod yn olau fel meini byw yn ein hardaloedd, a hwyrach y medrwn fod yn ateb i'n plant pan holant ystyr y meini hyn.
Amen.**

Medi 6: DUW A DIGON

Genesis 45:1-20; Actau 7:9-18.

Torri i mewn a chael stori allan o fol stori sydd yn aruthrol bwysig–dyna wnawn ni y tro yma. Wrth wraidd y saga fawr gyfan fel y gwelir hi yn y penodau hyn, y mae addewid Duw y byddai Abraham yn dad i genedl fawr iawn. Fe fyddai hefyd yn cael tir a fyddai yn ddelfrydol fel cartref i'r genedl addawedig.

Stori ŵyrion Abraham ydi hon. Joseff sydd yn fwyaf amlwg ar hyn o bryd. Crwt bach pryfoclyd a gor-hyderus ydoedd, yn llwyddo i godi gwrychyn ei frodyr. Fe sonnir llawer fel y byddai ei dad yn ei faldodi a hynny yn nannedd cenfigen ei frodyr.

Er i'r brodyr gael gwared arno gan ei werthu, fe lwyddodd y bachgen yn rhyfedd yng ngwlad yr Aifft lle dygwyd ef, nes dod yn lywodraethwr dros fuddiannau'r wlad yng nghyfyngder y newyn a ddaeth i fygwth bywyd y gwledydd oll.

Fe wawriodd dydd y gwelodd Joseff ei frodyr yn ei ymyl ymhlith estroniaid a oedd yn begara bwyd. Wedi oedi, a holi, eglurodd Joseff iddynt pwy ydoedd. Fe gododd euogrwydd yn arswyd arnynt: 'nid chwi ond Duw a'm hanfonodd i yma er mwyn diogelu bywyd' esboniodd Joseff iddynt eto. Fe gusanodd y bechgyn, a'u gyrru i gyrchu ei dad, a rhoi cartref iddynt yng ngwlad Gosen gerllaw. Duw sydd wrth ei waith, a dyn ar ben ei ddigon. Gair ein Duw ni a saif byth.

Gweddi:
O Dduw paham na fedrwn ninnau yn ein hoed a'n hamser dy gadw di yn dy addewid o flaen ein llygaid. Medru credu mai un amod sylfaenol sydd,–sef dy fod di wedi rhagweld anhawsterau'n taith ni i gyd, ac wedi sicrhau nad awn ni fyth y tu hwnt i afael dy law. O am aros yn dy gariad ddyddiau'n hoes i gyd.
Amen.

Medi 13: GALWAD

Eseia 6:1-8.

Mae'n syndod y mathau gwahanol ar 'alw' sydd. Cawn ein galw'n Arwel neu'n Rhian. Bydd mam yn ein galw i ginio. Byddwn yn galw enwau ar blant eraill. Daw galwad ar y ffôn, a daw galwad natur. Mae ambell swydd yn alwad. Sonia Waldo am bethau anghofiedig teulu dyn yn 'galw' arnom. A dyma stori'r weledigaeth y cafodd Eseia drwyddi ei alwad i fod yn broffwyd.

A oes gan Dduw un alwad fawr i bawb? Neu ai nifer o alwadau yw rhan y mwyafrif ohonom ni? Sut mae gwybod mai Duw sy'n galw? Cwestiynau i ni i gyd ymgodymu â nhw. Boed yr atebion fel y bônt, nid cyn hynny, ond wrth ymateb i ryw angen y gwelodd rhai alwad Duw ynddi. Ar ôl dilyn rhyw gwrs y gwelodd eraill alwad Duw yn hynny. Faint ohonom ni all ddweud am ryw gam a gymerwyd gennym mewn bywyd ein bod yn lled sicr, o edrych yn ôl beth bynnag, i ni ymateb i alwad Duw yn y peth hwnnw. A beth sy'n peri i ni feddwl hynny?

Gweddi:
Dduw ein Craig a'n Prynwr, Mae'n gwbl amhosibl i ni ymateb i bob galwad sydd arnom ni. Mae cymaint ohonyn nhw. Dewis sydd raid i ni yn y bywyd hwn. Helpa ni felly i weld lle mae'n weddus i ni alw ar ein ffydd i'n cyfarwyddo wrth wneud rhai o'n dewisiadau. Bydd hynny'n cryfhau'r tebygrwydd mai i alwad oddi wrthyt ti y byddwn yn ymateb o bryd i'w gilydd. Ac o aeddfedu yn ein ffydd siawns na ddown i adnabod dy lais di yn well yng nghanol galwadau eraill bywyd. O bryd i'w gilydd, byddi di'n galw arnom, a ninnau'n fyddar, neu'n anufudd. Pan ddigwydd hynny, erfyniwn arnat ti, Dduw'r ail-gyfle, i beidio â rhoi'r gorau i alw arnom, ond yn dy drugaredd, i alw eto arnom.
Amen.

Medi 20: DUW YR HELIWR

Salm 23.

Stori profiad dyn o Dduw yn fugail yw'r salm hon i ni (er mai gwestïwr yw yn y bumed adnod). *Arwain* wnâi'r bugail yn y Dwyrain Canol. Ond yn y chweched adnod, mae Duw yn ei ddaioni a'i drugaredd yn *dilyn*.

Un yn eu *dilyn* yw Duw i rai. Francis Thompson, wedi methu bod yn feddyg, yn mynd i Lundain, yn colli ei iechyd, yn troi at opiwm, yn gwerthu matsys ar y stryd, yna'n ysgrifennu 'I fled . . . down the nights and down the days . . . from the strong Feet that *followed*.' Galwodd pregethwr Cymreig ddaioni a thrugaredd yn gŵn defaid Duw. Teitl cerdd Thompson oedd *The Hound of Heaven*. Duw ei hun yn gi hela!

Plentyn yn ffraeo gyda'i dad, yn datgan ei fod am adael cartref, ac yn casglu ei bethau. Ar ei ffordd i'r drws, ei dad yn gofyn iddo beidio â mynd, a'r bychan yn rhedeg ato ac yn gofyn iddo 'A wnei di ddod ar fy ôl i.' Dyna obaith mwy nag un ffoadur oddi wrth y Tad nefol hefyd.

Gweddi:
Byddwn ni O Dduw'n ceisio dy leoli di, ond yr wyt ti ym mhob man, o'n blaen, yn ein hymyl, y tu cefn i ni. Yr wyt ti'n cwrdd â'n hangen ni amdanat beth bynnag yw ffurf ein hangen. Yr wyt yn fugail, yn westïwr, yn heliwr. Nid oes i ni ddim ffoi oddi wrthyt, a da i ni yw hynny gan mai'n dymuniad dyfnaf, hyd yn oed pan fyddwn ni'n ei guddio wrth ffoi oddi wrthyt, yw am i ti ddal cysylltiad â ni.

Bydd gyda phawb er hynny sy'n dy deimlo'n bell, efallai'n teimlo fod profiadau bywyd wedi creu gagendor rhyngddynt â thydi, efallai heb glywed amdanat mewn modd sy'n dangos dy ras a'th gariad yn Iesu. Gwna ninnau'n gyfryngau i fynegi dy harddwch i eraill.
Amen.

Medi 27: BETH ARALL SYDD GENNYF?

Barnwyr 17, 18; Mathew 6:19-21, 24.

Bu Mica bach mor ddrwg â dwyn yr ychydig arian yr oedd ei fam yn ei roi i gadw ar gyfer rhyw ddyddiau blin allai ddod. Ond wedi pwl o gydwybod cyfaddefodd ei fai. Fel arwydd o ddiolchgarwch fe gymerodd hithau ychydig o'r arian i wneud delw ohono a chyflogwyd offeiriad i arwain addoliad wrth yr allor. Mewn gair, fe wnaeth ei harian yn dduw—yn llythrennol felly. A phan ddaeth meibion Dan i ysbeilio'r tŷ a dwyn y ddelw fe dybiodd Mica iddo golli'r cyfan. 'Yr ydych wedi cymryd y duwiau a wneuthum ... a beth arall sydd gennyf?'

Druan ohono, yr oedd colli'r pethau materol yn gyfystyr â cholli'r ysbrydol. Colli arian yn gyfystyr â cholli Duw. 'Beth arall sydd gennyf?' Beth yn wir! Onid oes yna drysorau na all yr un lleidr eu dwyn fyth? 'Casglwch i chwi drysorau yn y nef, lle nad yw gwyfyn na rhwd yn difa, a lle nad yw lladron yn torri trwodd nac yn lladrata'.

Byddai'r diweddar Ddr. Tegfan Davies yn sôn am wraig o Faldwyn yn cwyno wrth Gwilym Hiraethog iddi glywed fod rhyw elynion i ddod a dwyn y Beiblau i gyd a'u llosgi. 'Dim rhaid i chi bryderu', atebodd Hiraethog, 'Rhwng Henry 'mrawd a minnau fe rown ni'r Beibl yn ôl at ei gilydd yn gyfan'. Yr oedd y gwir drysor yn ddiogel.

Gweddi:
Arglwydd da, maddau i ni os aeth ein syniad ni am werthoedd yn wyrgam. Yn aml iawn byddwn yn euog o roi gormod pwys ar y gweledig yn fwy na'r anweledig, ar y pethau sydd dros amser yn fwy nag ar y tragwyddol, ar y cysgod yn fwy nag ar y sylwedd. Dangos inni fod y pethau y tybiwn ni sydd o gymorth yn aml iawn yn troi yn rhwystrau a'n bod ni, wrth geisio ysgafnhau ein beichiau, yn ychwanegu atynt. Dysg i ni fod rhyw bethau y tâl i ni eu colli fel yr enillom fwy.

Maddau i ni ein ffolineb yn 'ffeirio gogoniant yr anfarwol Dduw am ddelw ar lun dyn marwol' ac am roi ein hebyrth gorau ar allorau'r eilunod. Dangos inni o'r newydd mai 'Siomedig iawn a drud yw'r eilun dduwiau' a chadw ni

>'O flaen dy allor di,
>Gan gofio Calfari,
>Nes delo'r diwedd.'

Amen.

Hydref 4: MAB Y FFÖEDIGAETH

Darllen: Numeri 22:21-35.

Dyma ddyn oedd yn fwy ystyfnig na'i asen! Duw am newid cwrs ei fywyd, ond Balaam am fynnu ei ffordd ei hunan. Gwelodd yr asen angel yr Arglwydd ar y llwybr ac aros tra 'roedd y marchog yn rhy ddall i weled ac yn rhy brysur i oedi. Dyna yw'n hanes, chwipio'r asen, rhoi troed ar y sbardun a gyrru ymlaen heb wybod i ba le yr awn.

> 'I ble yr ei di, fab y ffoedigaeth,
> A'th gar salwn yn hymian ar y rhiw
> A lludded yn dy lygaid?'

Ni ddeallodd Balaam fod Duw yn ei geisio hyd oni lefarodd yr asen, ac yna '. . . plygodd ei ben ac ymgrymu ar ei wyneb'. Y mae gan Dduw ei ddulliau mwyaf annisgwyl i lefaru wrthym ac ni ddylem ei gyfyngu i ryw gyfryngau y tybiwn ni sydd yn addas iddo Ef ac yn gyfleus i ninnau. Ac yn y diwedd gorweddodd yr asen. Y peth y bu Balaam mor ddibynnol arno ac yn pwyso arno trwy gydol ei oes yn gwrthod ei gynnal mwyach. Yn aml iawn dyna'r pryd yr agorir ein llygaid ninnau i ddysgu pwyso ar yr anweledig.

Gweddi:
Maddau i ni O Dduw ein hystyfnigrwydd yn mynnu cael a gweld ein ffordd ein hunain. Yn rhy aml byddwn yn bwrw yn ein blaenau heb aros i feddwl nac i fyfyrio; yn rhy barod i wneud ein hewyllys ni yn hytrach na cheisio dy ewyllys di. A maddau i ni ein byddardod. Mor hoff ydym o ddilyn y llwybrau a dorrwn ni ein hunain fel y mae arnom ofn y llais sydd yn ein tywys i lwybrau eraill, yn drysu ein cynlluniau, yn newid ein cyfeiriad a'n harwain i ffordd ragorach.

Cyfaddefwn i ni roi ein pwys ar bethau y tybiwn ni all ein cario a'n cynnal. Dangos i ni fod yna bwysau rhy drwm i'r cyfeillion cryfaf, llwybrau mor gul i'w cerdded fel nad oes le i gydymaith yn ein hymyl. Mor aml y cawsom ein siomi gan bethau sydd ymhell pan fo mwya'r angen ac allan o glyw pan fyddwn yn taer alw amdanynt. Ond yr wyt ti o fewn clyw bob amser ac 'wrth law o hyd i wrando cri'. Na fydded ein hymddiried yn neb ond ynot ti.

> Pwyso ar hawddfyd—hwnnw'n siglo,
> Profi'n fuan newid byd:
> Pwyso ar Iesu, dyma gryfder
> Sydd yn dal y pwysau i gyd!

Amen.

Hydref 11: DINIWEIDRWYDD

Genesis 3:1-13.

Hen stori am derfynau, ac am yr awydd i'w croesi, a'r pris a delir o'u croesi. Mae terfynau di-angen a bydd croesi'r rheini yn ein rhyddhau. Eithr y mae terfynau na ddylid eu croesi, ond eu croesi a wnawn.

Ceisiodd Adda ac Efa weld pa mor bell y gallent fynd. Ond yn lle teimlo'n rhydd, teimlo iddynt golli rhywbeth wnaeth Adda ac Efa.

Diniweidrwydd a gollwyd. Y mae colli diniweidrwydd yn ganlyniad anochel symud ymlaen mewn bywyd. Ond mae yna golli diniweidrwydd sy'n gymysgwch. Cawn ein cyffroi, teimlwn i ni ehangu ein profiad, eto ni fyddwn yn awyddus i ddweud amdano. Cuddio a wnawn.

Pan ofynnodd Duw i Adda, Ble'r wyt ti, nid gofyn yr oedd, medd ysgolhaig rabbinaidd, am na wyddai ble'r oedd Adda, ond am na wyddai Adda ble'r oedd Adda. Beio rhai eraill a wnaeth ef ac Efa. Ond ar y dechrau, pa ots am hynny, ni chefnodd Duw arnynt, mynnodd Duw agor sgwrs â nhw, dyna'u gobaith.

Gweddi:
Hollalluog a Thragwyddol Dduw, ti wyt yn dod ar ein hôl pan fyddwn ni ar goll, yn ein hannerch, yn dal pen rheswm â ni, diolchwn i ti am dy fod pan gollwn ni un math ar ddiniweidrwydd, yn agor o'n blaen gyfleodd i adeiladu mathau eraill o ddiniweidrwydd. Cynorthwya ni i fod yn gynyddol ddieuog o fradychu'r gorau y gwyddom amdano, yn gynyddol ddieuog o fradychu pobl eraill, yn gynyddol ddieuog o fod yn ddistaw pan fydd anghyfiawnder ar gerdded. Diolch i ti am y bobl sydd beunydd yn ychwanegu at swm y mathau hynny ar ddiniweidrwydd yn ein byd ni. Mae mwy ohonynt nag a dybiwn ni efallai. Ychwanega at eu rhif, a chaniata i ni y fraint o gael ein cyfrif yn eu plith.
Amen.

Hydref 18: DIOLCHGARWCH

Luc 17:11-19.

Pam na ddaeth y naw yn ôl at Iesu i ddiolch iddo? Ar frys i ddechrau byw eto medd un esboniwr. Nid yw'n eu beio chwaith, a hwythau wedi eu hynysu oddi wrth weddill cymdeithas cyhyd. Ond mae'n tynnu'r casgliad nad yw prysurdeb a brys yn cydweddu â diolchgarwch.

Byddaf o bryd i'w gilydd yn mynd a chrwtyn bach dwy flwydd oed am dro. Nid oes dim brys arno byth. Mae amser ganddo i deimlo graen pob wal, i ddilyn hynt pob morgrugyn, ac nid yw'r un aderyn yn yr awyr yn rhy ddibwys iddo ef ddwyn fy sylw i ato. Mae ei gwmni'n wers mewn gwerthfawrogiad o'r amgylchfyd.

Ysgrifennodd diwinydd o Siapan lyfr yn dwyn y teitl *The Four-Mile-An-Hour God*. Dyna sbîd Duw meddai, sbîd cerdded, sbîd y meddwl wrth gerdded. Rhaid dysgu arafu o bryd i'w gilydd os ydym am ymwneud â Duw o gwbl, heb sôn am werthfawrogi ei roddion a mynegi ein diolch iddo.

Gweddi:
Dduw mawr yr amseroedd a'r prydiau, byddwn ni'n aml yn meddwl y gallwn wneud unrhyw beth, pryd a fel y mynnom. Ond ti wnaeth y cread yma, a rhoddaist reol a threfn a'i anian ei hun i bob peth ynddo. Ymhlith dy greadigaethau y mae ein hamser personol ni bob un, y blynyddoedd a'r dyddiau a'r oriau a'r munudau a roddaist i ni yn drysorfa ein bywyd. Dysg i ni, O Dad, sut mae ei drafod, pa bryd i fod yn afradlon ag ef, pa bryd i'w ridyllu'n ofalus. Dysg ni sut mae ei arafu, a sut y mae i ni ymbwyllo ynddo fel bo'n hysbryd ni'n synhwyro ac yn gwerthfawrogi gogoniannau dy ras di yn ein bywyd, ac yn gorlifo â diolchgarwch. Byddai'r Iesu'n ymneilltuo o brysurdeb galwadau. Pa faint mwy y mae angen arnom ni i wneud hynny, os ydym am fod yn bobl ddiolchgar.
Amen.

Hydref 25: YR IFANC A GWAITH DUW . . .

Ioan 6:1-15.

Mae mwy nag un fersiwn o hanes porthi'r pum mil yn yr efengylau. Ond Ioan yw'r unig un sy'n cyfeirio at y bachgen sy'n cynnig y pum torth a'r ddau bysgodyn. Pan ofynnwyd i un plentyn pam ei fod yn hoff o'r stori, ei ateb oedd; 'Achos ei fod yn dangos fod plant yn medru helpu Iesu Grist'. Ateb sy'n ein hatgoffa mor bwysig ydi rhoi lle a chyfle i blant a ieuenctid yn ein heglwysi. Ie, a chyfle iddyn nhw *wneud* rhywbeth, ac i gymryd rhan.

Wrth gwrs, roedd rhannu cyn lleied o fwyd rhwng cymaint o bobl yn wyrth. Ond a oes awgrym o rywbeth arall yma? Ein bod wrth rannu gydag eraill–rhannu bwyd, arian, amser neu lawenydd yn gallu cael effaith y tu hwnt i bob disgwyl. Tybed nad oedd gan eraill yn y dyrfa fwyd ond eu bod ofn ei ddangos gan fod eraill heb ddim? Ond unwaith y dangosodd y bachgen ei awydd i rannu roedd ei esiampl yn tynnu'r gorau allan o bawb.

Beth bynnag ddigwyddodd, mae esiampl y bachgen â'r pum torth a'r ddau bysgodyn yn un gwerth ei dilyn.

Gweddi:

Arglwydd,

Gweddiwn dros ein plant a ieuenctid y byd.
Cofiwn am y rhai sydd heb fwyd, ac heb gartrefi;
Y rhai sy'n dioddef creulondeb o bob math
Y plant sy'n peidio â bod yn blant yn rhy fuan.

Ac yma, yng Nghymru, O Dduw, yn ein pentrefi a'n trefi
Cofiwn am blant a phobl ifanc sy'n tyfu dan bob math o
ddylanwadau ond dylanwad yr Arglwydd Iesu Grist.
Y rhai sydd heb wybod amdano,
Heb glywed amdano,
Rhai sy'n byw mewn awyrgylch o drais a difaterwch.
Deffro ni. Deffro'r Eglwysi i gymryd eu gwaith o ddifrif.
Rho dy arweiniad i ni O Dad,
Fel y gallwn weithredu i warchod ac arwain
Y rhai sydd angen eu gwarchod.
Yn enw Iesu Grist.
Amen

Tachwedd 1: PRYNU MAES

Jeremeia 32:6-15.

Ganed Jeremeia tua 650 C.C. Proffwydodd ar adeg anodd. Credai fod polisïau ei wlad yn rhai hanfodol wael, ac ar wahân i un tro, proffwydai ddinistr.

Stori yr un tro hwnnw yw'r adnodau uchod. Roedd Jerwsalem dan warchae, a Jeremeia yn y carchar am broffwydo concwest i'r gelyn. Yn y carchar, daeth Hammel, mab ei ewythr, i'w weld a gofyn i Jeremeia brynu ei faes yn Anathoth–man geni Jeremeia. Dywedodd Jeremeia fod Duw wedi dweud wrtho ymlaen llaw y digwyddai hyn, ac er bod y gelyn wrth y pyrth, a Jeremeia'n credu y gorchfygai, prynodd y maes, hysbysodd eraill am y pryniant, a dywedodd fod Duw'n dweud 'Prynir eto dai a meysydd a gwinllannoedd yn y tir hwn.'

Cadarnhaodd cynnig Hammel i Jeremeia argyhoeddiad a dyfai ynddo ers tro, sef ei bod yn ddyletswydd, pa mor wael bynnag yr amgylchiadau, i obeithio, ac nid yn unig i obeithio, ond i fuddsoddi ar goedd yn ein gobaith.

Gweddi:
Mewn dyddiau pan fo cymaint, Dirion Dad, yn wyneb llawer o unigolyddiaeth a hunanoldeb, yn anobeithio am ein cymdeithas a'n diwylliant ni, atgoffa ni os gweli'n dda fod gobaith yn un o'r grasurau–ffydd, gobaith, cariad.

Digon rhwydd i ni wneud ein symiau, pwyso y duedd hon, mesur y dylanwad arall, a chredu mai fel hyn y bydd y byd o'n cwmpas ni, neu mai fel arall y mae'n byd ni'n siŵr o fynd. Ond er mor werthfawr a phwysig ac angenrheidiol yw ceisio darogan, dysg ni i roi lle yn ein cyfrifon i'r annisgwyl, y tro sydyn a fydd efallai rownd y gornel. Ac atgoffa ni Dirion Dad, mai un o'r dylanwadau mawr ar ein byd nawr ac erioed yw'r rheini sydd, nid yn pentyrru cyfrifon yn unig, ond yn gobeithio hefyd. Dyro i ni'r fraint o gael ein cyfrif ymhlith y rhai sy'n dylanwadu ar ein byd drwy feithrin gobeithion llesol i'r cread ac i ddynolryw.
Amen.

Tachwedd 8: BYW FEL BRENIN

Llyfr y Pregethwr 2:1-11.

Mae'r Pregethwr druan dros ei ben a'i glustiau yn y felan. O leiaf, dyna awgrym paragraff cyntaf ei lyfr. Pa elw sydd i lafur dyn? Mae fel ceiliog y gwynt, yn troi a throi dim ond er mwyn dod 'nôl i'r un man drachefn. Mae bywyd mor flinderus nes gofyn ohono: beth yw'r pwynt?

Yn 2:1-11 mae'n rhoi cynnig arall arni. Oni fyddai gwisgo sgidiau'r brenin a chyfnewid lle ag ef yn brofiad braf? A dyma fynd ati i adrodd stori freiniol y profiad o 'fyw fel brenin'. Enjoio, dyna'r nod: yfed gwin; codi tai braf; segura (cael gweision i wneud y gwaith caled); llwyddo a gwneud arian; llenwi ei fyd â seiniau melys a difyrrwch cnawd. 'Nid oeddwn,' meddai, 'yn cadw draw oddi wrth unrhyw beth a chwenychai fy llygaid, nac yn troi ymaith oddi wrth unrhyw bleser.'

Mae llawer yn chwennych profiad tebyg yn ein dyddiau ninnau. Onid dyna anel y loteri, sef dwyn y profiad hwnnw o fewn cyrraedd y lluoedd? Ond y casgliad y daeth y Pregethwr iddo ar ôl y profiad o 'fyw fel brenin' (ai mewn breuddwyd y bu hynny?) oedd mai 'gwagedd ac ymlid gwynt oedd y cyfan'. Oes, mae angen rhywbeth mwy na hynny ar ddyn, ond mae'r Pregethwr yn cadw cyfrinach y 'Rhywbeth Mwy' hyd at baragraff olaf ei lyfr. 'Dyma swm y mater: ofna Dduw a chadw ei orchmynion, oherwydd dyma ddyletswydd pob dyn (12 adn. 13)'.

Gweddi:
Arglwydd, *mae* bywyd yn flinderus, yn aml, a gwyddost ein bod ni'n troi yn ein hunfan yn fynych fel ceiliog y gwynt gan rygnu adrodd yr un dôn gron: 'does dim byd yn newydd dan yr haul. Ac mor aml y teimlwn ninnau nad oes dim elw i'n llafur ar y ddaear!

Arglwydd, yr wyt yn adnabod ein henbydrwydd a gwyddost am wacter ein bywyd. Rhoesom gynnig ar bleserau'r byd gan ddrachtio'r cwpan hwnnw i'r eithaf. Ond 'ymlid gwynt' fu'r cyfan, ac wele ninnau fel eglwys Laodicea gynt, yn wrthrychau trueni a thosturi, yn dlawd, yn ddall, yn noeth.

O! Dduw, yn dy drugaredd, dwg ni at ein coed, a phâr inni adnabod ein gwir gyflwr. Rho i Gymru gân newydd yn ei chalon, a chyfeiriad newydd i'w bywyd, ynghyd â ffydd newydd mewn hen, hen Efengyl. Wrth glymu'n bywyd â Pherson Iesu Grist dy Fab, dyro obaith newydd i ni ac i'n cenedl. Gwrando'n cri, O! Arglwydd, yn enw ein hunig Waredwr, Iesu Grist.
Amen.

Tachwedd 15: CAEL CYFFWRDD

Marc 5:24-34.

Meddai ei ddisgyblion wrtho, 'Yr wyt yn gweld y dyrfa'n gwasgu arnat ac eto'n gofyn 'Pwy gyffyrddodd â mi?' (adn. 31).

Pa le bynnag yr âi'r Iesu, roedd tyrfa fawr yn ei ddilyn, neu'n disgwyl amdano. Ond perthynas anniddig oedd ei berthynas ef â'r dorf, am ei fod yn gwybod fod y rhan fwyaf ohonyn nhw yno am y rhesymau anghywir. Cafodd llawer eu denu gan y straeon carlamus oedd yn cael eu taenu amdano, rhai yn ddiau yn disgwyl gweld y trap yn cau am y rebel a fynnai herio'r awdurdodau a'r gwybodusion, ac eraill yno o chwilfrydedd llwyr. (Wrth i ninnau ddyheu am weld seddau gweigion ein haddoldai'n llawnach, mae'n rhywfaint o gysur mae'n debyg nad trwy gyfri pennau yn unig y dylid mesur llwyddiant y Deyrnas!)

Ond yr oedd yno rai a ddenwyd at yr Iesu gan eu ffydd, a'r bennaf ohonynt yw'r wraig ac arni waedlif ers deuddeng mlynedd. Fe fentrodd hon bopeth, ac fe heriodd gyfraith gwlad ac eglwys, er mwyn cael cyffwrdd ag ymyl ei wisg. Er fod y dyrfa swnllyd yn gwasgu ar bob tu, fe glywodd yr Iesu y cyffyrddiad, ac arhosodd i chwilio amdani ynghanol y dorf. Doedd neb arall yn cyfri, dim ond y wraig a gyrhaeddodd ben ei thennyn. 'Ferch, dy ffydd sydd wedi dy iachau. Dos mewn tangnefedd, a bydd iach o'th glwyf'. Ac aeth yr Iesu ymlaen i dŷ Jairus, i daflu'r galarwyr a'r wylofwyr proffesiynol oddi yno, er mwyn codi'r ferch o'i gwely angau.

Gweddi:
Cadw ni o Dduw ein Tad rhag chwilio am gysur yn y dorf, rhag inni golli golwg ar yr un a garai gilio i'r mynydd ar ei ben ei hun, a dysg i ninnau werthfawrogi'r munudau prin hynny o fod wrthym ein hunain yn dy gwmni di.
Amen.

Tachwedd 22: GWEDDNEWID DRWY GARIAD

Llythyr Paul at Philemon

Llythyr byrraf Paul. At ffrind, Philemon. Roedd gan hwnnw gaethwas, Onesimus, a ddihangodd, ac a gyfarfu â Paul, ac a wnaed yn Gristion ganddo. Arhosodd gyda Paul am sbel, yna danfonodd Paul ef yn ôl at Philemon gyda'r llythyr hwn.

Gallai dychwelyd caethwas a ddihangodd oddi wrth ei feistr gostio'n ddrud i'r caethwas. Gofynna Paul i Philemon am ei dderbyn n'ôl fel mwy na chaethwas, fel brawd annwyl. Ond nid yw'n dweud wrtho am ei ryddhau!

Felly ni bu'r llythyr hwn yn hoff gan Gristionogion du America. Ond yn ddiweddar dadleuodd Athro Testament Newydd croenddu yno fod y llythyr *yn* erbyn caethwasiaeth. Nid oedd Iesu, meddai, wedi dweud gair, hyd y gwyddom am gaethwasiaeth. Dyma'r tro cyntaf efallai i Paul ymwneud yn agos â Christion o gaethwas. Y mae'n amlwg ei fod wedi deall fod rhywbeth yma i'w wynebu, ac mae'n gwneud yn glir i Philemon hefyd fod rhywbeth yma i'w wynebu. Nid, er hynny, drwy orchymyn iddo am ryddhau Onesimus, ond drwy ysgrifennu am ei berthynas bersonol ef Paul ag Onesimus mewn termau teuluol cryf, a thrwy fynegi anwyldeb mawr tuag at Philemon. 'Gentle persuasion' sy'n mynd ymlaen yma, medd yr Athro.

Gweddi:

Mewn byd o ormes a thrais, llawer ohono gan Gristionogion, diolch i ti, Dirion Dad, am bob esiampl o geisio newid ymddygiad pobl eraill drwy newid eu hewyllys. Dysg ni i weld yn glir na fynnai Iesu orfodi ei ffordd ef ar neb arall. Yr hyn a fynnai oedd dwyn perswâd ar y galon ddynol, a hynny drwy ganmol a gwerthfawrogi, nid drwy ddifrïo a difenwi.

Gwna'n heglwysi ni yn nodedig, yn eu hymwneud â'i gilydd ac â'u bro, am dynerwch a graslonrwydd a all ddenu rhai i newid eu bywyd o'u gwirfodd. A diolch i ti am neges mor fawr mewn llythyr bach sydd, ar wahân i hynny, yn ddigon di-nod.
Amen.

Tachwedd 29: Y FFORDD AGORED

Lefiticus 19:18. Deut. 6:5; Luc 10:25-37; Marc 12:28-32.

Y mae'r stori yn dechrau gyda chwestiwn cyfreithiwr am fywyd tragwyddol, ac yn diweddu gyda rhywun yn talu dwy geiniog. Gŵr ifanc hyddysg yn y gyfraith sydd yn holi Iesu Grist. Yr oedd 'cymydog' yn fwy o rwystr iddo nag oedd ei Dduw. 'Pwy yw fy nghymydog i mi gael ei garu fe?' oedd ei anhawster. Anhawster cwbl syml.

'Doedd y seiat rhwng y ddau berson yma ddim wedi ei drefnu yn ôl arfer synagog a mannau eraill tebyg. Sôn wnaeth Iesu wrtho am ddyn oedd wedi trefnu taith i Jerwsalem, ac am y lladron oedd wedi trefnu fel arall. Yr oedd dau deithiwr arall ar yr un ffordd tua'r un adeg wedi trefnu ac wedi cyrraedd Jerwsalem. 'Doedden nhw ddim wedi trefnu peidio helpu'r truan yn ei waed. Yr oedd lle cymydog yn wâg.

Yr oedd Samaritan hefyd ar y ffordd, ac wedi trefnu taith, ac fe nabyddodd hwn angen yn y gŵr hanner-marw, ac fe'i carodd fel ef ei hun, medd Iesu. Paramedic di-enwaededig. 'Prun o'r tri hyn, dybi di, fu'n gymydog i'r dyn a syrthiodd i blith lladron?' Atebodd y sgolor ansicr, 'Yr un a gymerodd drugaredd arno'. 'Dos a gwna dithau yr un modd' anogodd Iesu.

Trwy gyfrwng stori Iesu daeth cymydog i'r golwg! A hynny *ar y ffordd*, sy'n agored i bawb. Y mae pobl, ac y mae cenhedloedd ar lawr, ac angen cymydog mor amlwg. Ai methu bod, neu wrthod bod yn gymydog sy'n peri'r boen sy' yn y byd?

Gweddi:
Y mae rhodd yr Ysbryd mor fawr, Arglwydd, fel na ŵyr yr un ohonom ddim am fywyd hebddo. Fe wyddom yn iawn am y rhai eraill a lafuriodd, dan ei arweiniad, a dyma ni yn etifeddion y cyfle a gawsom i fod yn gydweithwyr Duw. O! arwain ni i addoli mewn ysbryd a gwirionedd i ogoniant dy enw, ac er iechyd dy fyd.
Amen.

Rhagfyr 6: DISGWYL

2 Samuel 7:1-17; Eseia 9:2-7, 11:6-9; Micha 5:1-6.

Dewis rhan o stori Micha wnaethom ni at heddiw, gan feddwl, hwyrach, y bydd ei neges o fudd inni yn nhymor Adfent.

Y mae yn ymosod heb geisio arbed dim ar deimadau pobl. Fel Amos o'i flaen fe haerai yntau bob amser mai *dweud yr hyn a welodd mewn gweledigaeth* yr oedd, sef Duw yn ei orfodi i siarad er mwyn rhybuddio'i bobl a oedd yn byw'n annheilwng ohono. Fe deimlodd Micha fod yr Hebreaid o'r farn mai offrymu aberthau drud iddo oedd y ffordd i ddelio gyda Duw. Wedi rhoi Duw i gysgu felna, mi fedren nhw wneud fel y mynnen nhw wedyn–heb golli dim o'u hurddas arbennig. Cymdeithas lwgr ydoedd. Dynion yn hela dynion: y rheolwyr yn cael eu llwgr-wobrwyo trwy roi pobl ar werth,–a'r barnwr hefyd yn gwneud yr un fath. Ffoliineb hollol yw rhoi ffydd mewn cyfaill mewn cymdeithas lle y medrir prynu pawb a phopeth am bris! Os mai pris y farchnad sydd yn penderfynu gwerth bywyd a phobl, fedrwn ni ddisgwyl dim gwell.

OND, *disgwyl gwell* yr oedd pobl Dduw,–a hynny ers cyn cof. Megis y galwodd Duw Ddafydd o Fethlehem gynt i gywiro melltith Saul, felly yn awr yr oedd *disgwyl* unwaith eto am waredydd. Gwneud beth sy'n iawn, caru ffyddlondeb, a rhodio'n ostyngedig gyda'th Dduw'–dyna a gais yr Arglwydd gennyt, medd Micha. Yn gyson yr oedd gobaith yn crynhoi o gylch 'un wedi ei eneinio' yn waredwr,–Meseia. I'r Cristionogion, 'wele cawsom y Meseia', o gyff Jese ym Methlehem Effrata.

Gweddi:
'Ti yr hwn wyt yn aros, ac yn aros, i ni droi atat i dy gydnabod,–er inni ofni wynebu y Duw byw,–wyddet ti fod wyneb y tad yn stori Iesu am y mab afradlon gyda ni yn wastad? *Y mae yn anodd Arglwydd* i bechadur fel fi roi fy euogrwydd heibio. Y mae arnaf ofn daioni: y mae mor lân, ac mor eiddil yn edrych, a'm dwylo i mor galed. 'Rwy'n medru gweld o bell y dydd yn dod. Wnei di lanw'r cyfamser, ag aroglau pur dy ras, Arglwydd mawr, ac yn dy ragluniaethol drefn, derbyn fi.
Amen.

Rhagfyr 13: DIOLCH A DATHLU

Mathew 16:21-26; Luc 9:22-27.

Y mae Henri Nouwen yn Gristion llawen. Un o lawer cymwynas ffrind i mi oedd fy nghyflwyno iddo yn un o'i aml lyfrau sydd wedi cyffwrdd calonnau pobl mewn llawer gwlad. Ffaith i ddiolch amdani yw dyfod Crist. Dathlu ei fywyd a'i farw a'i atgyfodiad yw ein rhesymol wasanaeth ninnau sydd yn byw drwyddo.

'Y dydd ebrwydded y daw: boed addas y byd iddaw' medd Goronwy o Fôn. Fe ddaw *y dydd*, pa bryd a pha ystyr bynnag sydd ynddo i ni sydd yn ei ddisgwyl. Daeth y dydd i Iesu sôn wrth ei ddisgyblion am Jerwsalem, a'i farw erchyll yno. 'Dos ymaith o'm golwg Satan' meddai wrth Pedr; ei union eiriau gynt wrth Satan yn yr anialwch. Y ddau yn ei demtio i wadu ewyllys ei Dad. Mi fyddai yn anodd gen innau osgoi yr un ymgais i geisio arbed Iesu.

Y mae dilynwyr Iesu wedi parhau i ddathlu ei benderfyniad yn ddi-fwlch oddi ar hynny. Sain a sŵn a gwin yw y dull arferol o ddathlu, onid e? Go brin y byddem yn disgwyl i Bedr ymateb fel yna i newyddion Iesu! Nid dyna yn hollol yw ystyr Cristionogol y gair medd Nouwen.

Yn unig wedi i ni sylweddoli'n ddwfn nad yw bywyd a marwolaeth fyth i'w canfod yn hollol arwahan–yna medrwn ni ddathlu. Mor werthfawr yw bywyd,–i gyffwrdd ag ef, a chael ei flas,–a hefyd oherwydd 'y dydd, ebrwydded y daw' pan na fydd yno mwyach. Cael, a cholli, yn gymysg *ydi byw*. Ein camp ni ydi gwybod fod y sawl sy'n medru colli bywyd hefyd yn medru ei gael.

Gweddi:
Ti, Arglwydd wyt yn bresennol ymhob man, wn i ddim yn iawn, a ydw i yn dy weld di neu beidio. Ni wn i ddim i sicrwydd, a ydw i, fy hun, *byw ai peidio*. Mor anferthol yw rhyfeddod byw a bod, cael a cholli, a chael o'r newydd, ac ofni colli drachefn. Cael croesawu ambell angel yn annisgwyl, a rhoi mynwes i Ddiafol weithiau oherwydd cyflwr llygaid fy ffydd i ynot ti, fy Ngwaredwr. Hebot ti, nid wyf i ddim–ond sŵn, a sain, ac ychydig win nad yw yn gymundeb go iawn. Diolch i ti.
Amen.

Rhagfyr 20: FFOLINEB A DOETHINEB POBL GLYFAR *Y Nadolig*

Mathew 2:1-12.

Gweler hefyd *The Journey of the Magi*–T.S. Eliot

Pobl glyfar oedd y sêr ddewiniaid yn ôl pob sôn. Gwyddonwyr eu hoes. Ond roeddent yn ddigon ffôl i anturio ar siwrnai hir trwy anialwch crasboeth y dydd a nosweithiau rhewllyd y mynyddoedd i chwilio am y Meseia. Ac fel pobl ddeallus fe aethant i'w geisio i balas y brenin. Ble arall? A dyna'r wers gyntaf i'r sêr ddewiniaid ac i ninnau. Nid ymhlith y cyfoethog a'r uchelwyr y mae Mab y Dyn i'w gael.

Oherwydd yn y llys roedd Herod a'i falchder, ei uchelgais a'i gasineb. Fel pob unben dim ond poeni am ei groen ei hun a wnai Herod. Cofiwn amdanynt. Y Cadfridog Pinochet yn Chile, Chaucescu yn Rwmania, Lee yn Indonesia yr Arlywydd Mobutu yn Zaire. Dynion fu, a sydd yn fodlon lladd a phoenydio unrhyw un sy'n sefyll yn eu herbyn ac i ddiystyrru anghenion y tlawd. Ac mae Mathew yn gwneud yn berffaith glir beth yw dyletswydd Cristionogion wyneb yn wyneb â phobl fel hyn. Faint o aelodau eglwysi sy'n aelodau o fudiad Amnest Rhyngwladol tybed?

Ond dysgodd y sêr ddewiniaid eu gwers. Yn y beudy digysur, oer y cafwyd Gwaredwr y Byd. A chwarae teg iddyn nhw chafon nhw mo'u twyllo gan wên deg a chelwyddau Herod. Peidiwn ninnau a chael ein twyllo chwaith.

Gweddi:

Ein tad
Cofiwn heddiw fod ein byd yn dal yn gartref i Herod a'i fath.
Cofiwn am y rhai sy'n dioddef o'u hachos:
    Pobl a yrrwyd o'u cartrefi
    i gerdded y byd digysur, oherwydd rhyfel;
    Pobl sy'n cael eu poenydio am sefyll dros eu hawliau;
Trais a chasineb a gwên ffals ydi arfau Herod bob amser.
Gweddïwn dros y rhai sydd ddigon dewr i'w wrthwynebu.
Gweddïwn dros bawb sy'n cysuro'r rhai sydd angen cysur.
A gweddïwn am faddeuant i ni am beidio gwneud digon
    I greu byd lle na fydd croeso i Herod a'i giwed byth mwy.

'Gwyn eu byd, daw dydd a'u clyw,
Dangnefeddwyr, plant i Dduw'.
Amen.

Rhagfyr 27: NAC OER NA BRWD

Llyfr Datguddiad 1, 2, 3.

Ar un adeg yma yng Nghymru, yr oedd y da eu byd yn ymweld â Llandrindod, neu Lanwrtyd yn ffyddlon o leiaf unwaith yn y flwyddyn i fwynhau cwmni blasus ac i yfed dwr diflas, cyfloglyd, a'i arogl yn suro'r awel. A'r cyfan er lles eu hiechyd, ac yr oedd llawer un yn byw drwy'r profiad, ac yn mynd tuag adref yn fuddugoliaethus.

Yn ôl yr hanes yr oedd nodweddion tebyg yn perthyn i dref bwysig Laodicea. Ergyd galed i Gristionogion y dref oedd cynnwys y llythyr hwn a gyfeiriwyd 'at angel yr eglwys yn Laodicea.' Pobl lugoer oedden nhw, medd yr Amen, y tyst ffyddlon a chywir. Pobl yn bygwth tagu'r 'Atgyfodiad Mawr.' 'Roedd hyder gan y bobl yn eu harian, oherwydd fod arian yn gyffur peryglus sydd yn creu hunllefau o hunan–foddhad. Pobl dlawd oedden nhw, ac yn destun tosturi. 'Prynwch aur gen i: aur wedi ei buro trwy dân': pob dim ond yr aur pur wedi ei symud ohono, er mwyn i chwi *fod* yn gyfoethog. Caru Crist a hiraethu yn danbaid am ddyfodiad ei deyrnas,–hyn yw y brwdfrydedd nad yw yn caniatau lle i ragrith a ffolineb.

'Yr wyf yn ceryddu ac yn disgyblu'r rhai a garaf; bydd selog felly, ac edifarha. Wele yr wyf yn sefyll wrth y drws ac yn curo; os clyw rhywun fy llais ac agor y drws, dof i mewn ato a swperaf gydag ef, ac yntau gyda minnau.'

Caiff y sawl sydd yn gorchfygu eistedd gydag ef ar ei orsedd. Oes gennych chi glust i wrando beth a ddywed yr Ysbryd? Dyma Ioan o ynys Patmos, ar Ddydd yr Arglwydd.

Gweddi:
Ein Harglwydd Dduw,
yr ydym ar ddiwedd blwyddyn wrthi'n ymarfer y doniau a roist ti inni.
Prentisiaid bychain ydym yn dysgu ffordd y Ffydd,
ac yn frwnt o chwys yn ceisio
mynegi'r hyn sydd yno ym mhoced ein cydwybod.
Y mae sŵn ein syniadau ni yn llenwi'r byd
a'i wneud yn gwch-gwenyn diorffwys.
Agor ein clustiau
fel y bo inni dy deimlo a'th glywed di yn curo wrth y drws.
A chael dy groesawu.
Amen.

Gweddïau

AR DDECHRAU BLWYDDYN

Tad tragwyddoldeb, plygwn ger dy fron,
Ceisiwn dy fendith ddechrau'r flwyddyn hon;
Trwy blygion tywyll ei dyfodol hi,
Arweinydd anffaeledig, arwain ni.

At bwy y trown ni am ein harweiniad ar ben blwyddyn ond atat ti
sydd yr un ddoe, heddiw ac yn dragywydd.

Er i'n blynyddoedd ni ddiflannu o un i un fel mwg,
y mae dy gariad di yn aros.

Er i'n hamgylchiadau ni newid yn aml ac yn gyflym,
y mae dy ffyddlondeb di yn ddigyfnewid.

Er i ni, dy bobl, fod yn gyfnewidiol a siomedig,
yr wyt ti yn wastad yr un yn dy drugaredd
ac yn dy dosturi tuag atom.

Pwyso a wnawn ni eto ar gychwyn blwyddyn newydd ar d'addewid
i fod gyda'th bobl bob amser hyd ddiwedd y byd.

Waeth pwy ydan ni, enwog neu anenwog, pwysig neu ddistadl,
ceraist ni bob un â chariad anorchfygol,
cariad nad oes ei fwy na'i debyg,
cariad sy'n rhoi einioes dros gyfeillion
ac yn maddau i elynion.

Waeth ble rydan ni, mewn cartref neu gapel, yn y dyffryn neu yn y mynydd,
yr wyt ti'n llond pob lle, yn bresennol ym mhob man.
Os cyweiriwn wely yn uffern hyd yn oed,
yno yr wyt ti.

Waeth beth yw ein cyflwr ar y pryd, boed lawen neu foed drist,
yr wyt ti'n llawenhau gyda'r rhai sy'n llawen
ac yn tristáu gyda'r rhai sy'n drist.

Gweddïwn arnat, O Dad, ar ddechrau 1998,
am fedru ymddiried o'r newydd yn dy gariad
sy'n cofleidio ein doe, ein heddiw a'n hyfory
ac yn eu gwneud hwy oll yn un.

Wrth edrych yn ôl ar y flwyddyn a aeth heibio,
cymorth ni i weld d'ofal drosom a'th ddaioni tuag atom
er i ni dy siomi lawer gwaith
ac er i ninnau o bosibl yn ein tro
brofi tristwch blin a cholled drom.

Wrth edrych ymlaen,
cymorth ni i fod yn hyderus ac yn ostyngedig yr un pryd,
trwy baratoi ein hunain ar gyfer gwaith dy deyrnas,
fel pe buasem am fyw byth,
a byw i'th deyrnas,
fel pe buasem am farw yfory.

Wrth ystyried heddiw'r dydd, ein Tad,
boed i ni drysori'r cyfle y mae'n ei roi i ni:
i gysegru'n hunain o'r newydd i waith dy deyrnas;
yr ymgysegriad a'n gwareda ni rhag byw yn gyfan gwbl i ddoe
a rhag gohirio popeth tan yfory.
Aeth ddoe heibio, ac nid yw yfory wedi dod.

'Hwn ydyw'r dydd o ras ein Duw,
 Yr amser cymeradwy yw,'

cymeradwy i ymddiried ynot,
a chymeradwy i wneud dy waith.

Gweddïwn arnat, O Dad,
am fedru ymddiried unwaith yn rhagor yn dy gariad di
sy'n ein cofleidio ni bob un
ac yn ein huno ni â'n gilydd mewn ffydd a gobaith
fel y byddwn ni ynot ti yn deulu
ar drothwy blwyddyn newydd yr anwybod mawr.

'Beth fydd ein rhan ar hyd ei misoedd maith?'
Wyddom ni ddim, ein Tad, a fynnwn ni ddim gwybod chwaith.
Ond gwyddom i ti addo bod gyda ni bob amser,
pwy bynnag ydan ni,
beth bynnag yr achlysur
a beth bynnag yr amgylchiad.
Felly cadw ni, O Dad, yn yr wybodaeth honno,
beth bynnag a ddêl i'n rhan.

O Dad, cynorthwya ni i'th geisio di a'th deyrnas yn gyntaf
fel y daw popeth arall yn ychwaneg;
i osod Iesu ynghanol ein haddoliad
fel y bydd i'n bywyd fod yn gyfoethog a chyflawn,
ac i gadw yn feunyddiol ein meddyliau a'n calonnau
ar agor i arweiniad dy Ysbryd di
er ein dwyn ni bob un
a'r holl deulu dynol
i heddwch a chyfiawnder dy deyrnas di
yn enw Iesu Grist.
Amen.

AR DDYDD GŴYL DDEWI
Dydd Sul Mawrth 1af.

Bore Sul
Byddwn lawen, Arglwydd,
ac eleni fe gawn ddathlu gŵyl ein nawddsant ar dy ddydd di,-
Moliannu yr un Creadwr,
Dyrchafu yr un Gwaredwr,
Dathlu yn yr un Ysbryd,
Cyhoeddi yr un Gair
a chael ein hadeiladu yn eglwys
i fod yn arwydd o'th Deyrnas yn y Gymru hon.
Bendithia addoli dy bobl heddiw
a diolch am bawb sydd yn dysgu yn ein Hysgolion Sul
ac yn arwain plant ac ieuenctid ein gwlad
at gyfoeth dy Air ac at gyfeillgarwch y Gwaredwr.
Gwrando ein gweddi,
a phlyg ni yn wylaidd–
ni blant Dewi Sant.

Amser cinio
Cyflwynwn i ti, Arglwydd,
ein haelwyd a'n bwrdd a'n cinio Sul.
Gweddiwn am i'r bwrdd fod yn arwydd i bob teulu
o lawenydd a diolch,
o ymrwymiad a bendith,
o gyfrifoldeb a braint,
o gyfamod ac addewid.
Rho arweiniad, nerth, gofal, tosturi, dyfalbarhad a gobaith
i'r teuluoedd sydd dan straen neu wedi eu rhwygo
ac yn dyheu am gael yn ôl yr hyn y maent yn ei golli.
Cyflwynwn pob gwesty a thafarn ple mae pobl yn ymgynnull i wledda heddiw
ac i fwynhau bod yn deulu ac yn ffrindiau mewn cymdeithas dda:
gweddiwn am i fyrddau llawn ac i'r gwydrau gwin
fod yn gyfrwng diolch am ddaioni bywyd
ac yn gyfrwng cofio a gweithio dros y rhai sydd heb y bendithion hynny:
gwaith, cartref, bwyd, rhyddid, heddwch.
Gwna ein bywydau fel teuluoedd, cymunedau a chenedl
yn gyfrwng gobaith i eraill.
Gwrando ein gweddi,
a rho i ni gymdeithas gref,
Ni, blant Dewi Sant.

Prynhawn Sul
Arglwydd gwna'r prynhawn Sul hwn yn Saboth i bobl Cymru:
yn ddydd o orffwys, o fwynhau dy gread di
ac o werthfawrogi a gwarchod ein bywyd a'n hetifeddiaeth.
Bendithia holl amrywiaeth y prynhawn a'r dydd hwn:
yr adloniant, y chwaraeon, y teithio, y siopa,

yr ymlacio, y croesawu, yr ymweld,
A bendithia y rhai sydd yn gorfod neu yn dewis gweithio.
Gweddiwn am i bawb gael mwynhau hyfrydwch dy gread di
i werthfawrogi cyfoeth a chyfleoedd ein bywyd a'n gwlad,
ac i dderbyn ein lle a'n cyfrifoldeb
i warchod y gwerthoedd gorau
ddaw a iechyd i bawb, cadernid i'n cymunedau a pharch i'th gread.
Maddau i ni y masnacheiddio a'r prysurdeb a'r anghofio
sydd wedi ein hamddifadu o Saboth.
Gwrando ein gweddi,
a rho i ni orffwys,
Ni, blant Dewi Sant.

Nos Sul
Diolchwn i Ti, Arglwydd,
am yr ychydig rai sydd yn dy addoli di heno
ac yn cyflwyno ein cenedl a'n gwlad i ti
mewn gweddi a mawl.
Ple mae dathliadau Gŵyl Ddewi heno
amgylchyna'r cyfan â gweddi dy bobl ac â haelioni dy gariad.
Cyflwynwn i ti yr wythnos a'r blynyddoedd sydd o'n blaen:
Gweddiwn dros ein gwleidyddion a'n gwleidyddiaeth
    ein hathrawon, ein hysgolion a'n colegau,
    ein diddanwyr a'n cyfryngau,
    ein diwydianwyr a'n marchnatwyr,
    ein gwasanaeth iechyd a'n gwasanaeth cymdeithasol,
    ein cefn gwlad a'n maesdrefi a'n dinasoedd,
fel y byddo y genedl hon yn deulu o degwch a rhyddid, o gyfiawnder ac o heddwch,
ac yn genedl ymysg y cenhedloedd fydd yn dyst i Deyrnas Dduw.

Gwrando ein gweddi,
ac adfer ni,
Ni, blant Dewi Sant,
ar yr ŵyl hon ac ar dy ddydd di–
Dydd Saboth sanctaidd a dydd Atgyfodiad dy Fab,
Arglwydd ein bywyd, ein cenedl, ein byd. Amen.

AR ŴYL Y SULGWYN

Mae dy ysbryd di yn fywyd,
Mae dy ysbryd di yn dân;
Ef sy'n dwyn yr holl fforddolion
Cywir, sanctaidd, pur, ymlaen;
Cyfarwyddwr
Pererinion, arwain fi.

Ar Sul y Pentecost,
gofynnwn i ti, ein Tad nefol, i'n tywys atat.

Trwy dy ysbryd:
arwain ni i blygu'n ostyngedig ger dy fron;
arwain ni i'th gydnabod yn Arglwydd ac yn Frenin;
arwain ni i'th glodfori a'th ogoneddu;
arwain ni i ymdawelu a gwybod mai ti sydd Dduw.

Erfyniwn arnat i dywallt dy Ysbryd Glân arnom,
fel y bydd i ninnau hefyd brofi'r fendith
a gafwyd yn Jerwsalem ar ddydd y Pentecost flynyddoedd maith yn ôl.

Dymunwn i ti ein tywys i'th adnabod yn iawn.
Trwy'r ysgrythurau sanctaidd
a phrofiadau dwys yr emynwyr,
arwain ni i adnabod y Gair ymysg y geiriau.

Gwyddost am bob methiant a gwendid o'n heiddo,
ac am ein tuedd i ddilyn ffordd y tywyllwch.

Arglwydd, trugarha.

Ysbryd sanctaidd, arwain ni yn ffordd Goleuni'r Bywyd.

Gwyddost am ein diffyg sêl a'n difaterwch yng ngwaith y Deyrnas,
a gwyddost am ein llesgedd a'n diffyg brwdfrydedd
pan ddisgwylir inni weithredu a lleisio barn dros gyfiawnder.

Arglwydd, trugarha.

Ysbryd sanctaidd, meddianna ni yn ystod y munudau hyn
a'n deffro i ymroi o'r newydd i'r gwaith.

Mewn byd sy'n llawn dryswch a dialedd,
gweddïwn am y gras a'r bywyd newydd sy'n tarddu ohonot ti.

Rho'r hyder anorchfygol gynt
Ddilynai'r tafod tân;
Chwyth dros ein byd fel nerthol wynt,
O! Ysbryd Glân.

Arglwydd,
gwna ni'n gyfryngau yn dy law
fel na chollwn gyfle i gynorthwyo'r gwael a'r gwan.
Ein dymuniad yw bod yn debyg i Iesu Grist:

Gwna fi yn addfwyn fel Tydi
Wrth bawb o'r isel rai,
Gwna fi yn hoff o wrando cwyn
A hoff o faddau bai.

Cofiwn mai dy eiddo di ydym,
ac mai diben pob bywyd yw gogoneddu dy enw ar y ddaear.
Felly, arwain ni
i wneuthur dy ewyllys
ac i hyrwyddo dyfodiad dy Deyrnas,
a
.... boed i eraill trwof fi
Adnabod cariad Duw.
Amen.

AR GYFER Y NADOLIG

O Tyred Di, Emmaniwel,
A datod rwymau Israel,
Sydd yma'n alltud unig trist,
Hyd ddydd datguddiad Iesu Grist;
O cân! O cân! Emmaniwel ddaw atat ti, O Israel!

'Mewn llawer dull a llawer modd y llefarodd Duw gynt wrth y tadau yn y proffwydi, ond yn y dyddiau olaf hyn llefarodd wrthym ni mewn Mab.'
Molwn ac addolwn di, O Dad am ddod atom yn Iesu, dy fab. Daethost i fyw yn ein plith. Rhyfeddwn i ti wneud y fath beth a dod i ganol bywyd. Wyddom ni ddim sut y goddefaist ein dwli a'n balchder a'n hunanoldeb a'n traha a'n meddyliau bas.
Maddau, dirion Arglwydd, maddau i ni.

'Amlygwch yn ein plith eich hunain yr agwedd meddwl honno sydd, yn wir, yn eiddo i chwi yng Nghrist Iesu. Er ei fod erioed ar ffurf Duw, ni chyfrifodd fod cydraddoldeb â Duw yn beth i ddal gafael ynddo, ond fe'i gwacaodd ei hun, gan gymryd ffurf caethwas a dyfod ar wedd dynion.'

Gadawai'r nef o'i fodd
Cymerodd agwedd gwas,
Ffrwyth y cyfamod hedd
O! ryfedd ras.

Ein Tad, ni allwn ddiolch digon iti am Iesu.
Llawenhawn ei fod wedi dygymod â ni a'n goddef ni.
Llawenhawn iddo eistedd a mwynhau cwmni rhai fel ni.
Llawenhawn iddo addo aros gyda ni.
Llawenhawn iddo ddangos mai o Dduw y mae addfwynder a gostyngeiddrwydd.
Llawenhawn yn ei fuddugoliaeth ar bechod, angau a'r bedd.

Rhyfeddu'r wyf, O Dduw,
Dy ddyfod yn y cnawd,
Rhyfeddod heb ddim diwedd yw
Fod Iesu imi'n frawd.

Awn i Fethlehem i gael gweled
Y rhyfeddod mwya' wnaethped:
Gwneuthur Duw yn ddyn naturiol
I gael marw dros ei bobol.

Gwarchod ni, O Ysbryd Sanctaidd, rhag colli'r rhyfeddod hwn.
Gwarchod ni rhag siniciaeth ein hoes a'r calon galedwch sy'n difa ein heneidiau.
Dyro inni galon llawn syndod a ffresni.
Dyro inni ddirnadaeth fyw, loyw.
Dyro inni weld Iesu y Nadolig hwn.

'Cawr mawr bychan,
Cryf, cadarn, gwan, gwynion ruddiau;
Cyfoethog, tlawd,
A'n Tad a'n Brawd, awdur brodiau.
Iesu yw hwn . . .'

Arglwydd, caniata i ni wrando'r Gair yn ddisgwylgar.
Helpa ni i fynd i Fethlehem yng nghwmni Mair a Joseff.
Caniata i ni aros yn dawel ymysg y bugeiliaid a chlywed cân a neges yr angylion.
Helpa ni i gadw'r cyfan yn ddiogel yn ein calon a myfyrio arnynt.

Caed baban bach mewn preseb
Drosom ni,
A golau Duw'n ei wyneb
Drosom ni:
Mae gwyrthiau Galilea,
A'r syched yn Samaria,
A'r dagrau ym Methania
Drosom ni;
Mae'r llaw fu'n torri'r bara
Drosom ni.

Annwyl Iesu, derbyn ein diolch. Yr wyt mor garedig tuag atom, mor amyneddgar a grasol, yn gymwynasgar a da. Yr ydym am dreulio'r Nadolig gyda thi. Dyro inni ffydd y wraig gyffyrddodd â'th fantell a sicrwydd y canwriad yng Nghapernaum. Siarada â ni, Iesu, fel y gwnest wrth Ffynnon Jacob ac annog ni i eistedd wrth dy draed fel y gwnaeth Mair, chwaer Martha. O Iesu, dysga ni i ddewis y rhan orau a pheidio â thrafferthu am bethau di-eisiau. Helpa ni, Iesu, os gweli di'n dda i'th adnabod fel y gwnaeth y rhai fu'n cerdded i Emmaus. Y Nadolig hwn, O Iesu, ymwel â ni wrth ford y cymun fel y gallwn ddweud yn ffyddiog: 'A daeth y gair yn gnawd a phreswylio yn ein plith, yn llawn gras a gwirionedd'.

Bara i'n bawb dorrwyd
Gwin erom oll gaed
Gair yn gnawd roddwyd
Cariad Duw yn amlwg wnaed.

O Dduw, ein Tad, yn dy gariad mawr, trugarha wrthym y Nadolig hwn.
At orsedd gras, down â'n gweddi dros y newynog a'r tlawd yma a thros y môr.
Gwrando'n cri, Arglwydd, dros y trueiniaid sydd ar ffo, mewn ofn a dychryn.
Atat y trown ynghanol trais a gorthrwm y dyddiau hyn gan ofyn am d'arweiniad i fyw mewn tangnefedd ac arfer maddeuant a chariad.
Dysg ni, annwyl Dad, i gadw'n golwg ar Iesu a fu farw trosom ni a thros y byd fel ag y mae.

Daeth brenin yr hollfyd
I oedfa ein hadfyd
Er symud ein penyd a'n pwn . .

Codwn ein dwylo, O Dad, i ddeisyf dy fendith dros yr unig a'r siomedig, dros y rhai mewn gwewyr a galar. Dangos i ni sut i'w helpu a'u cysuro. Dangos i ni sut i rannu'u baich, yn enw Iesu. Dysg ni, Arglwydd da, i rannu'r gobaith sydd yn ein calonnau o ganlyniad i ddyfodiad Iesu i'r byd.

Daeth Gwaredwr gwiw i ddynion,
O newydd da . .

Yn awr hen deulu'r gollfarn,
Llawenhawn . .

Pwy yw hwn sy'n dod o Edom . .
y mae ei wisg yn hardd a'i gerddediad yn llawn o nerth . . .

Bydd ef yn barnu rhwng cenhedloedd,
ac yn torri'r ddadl i bobloedd cryfion o bell;
byddant hwy'n curo'u cleddyfau'n geibiau,
a'u gwaywffyn yn grymanau.

O diolch am Gyfryngwr
Gwaredwr cryf i'r gwan . .

Pwy wrendy riddfan f'enaid gwan?
Pwy'm cwyd o'm holl ofidiau i'r lan?
Pwy garia 'maich fel Brenin ne'?
Pwy gydymdeimla fel Efe?

Dewch, addolwn, cydaddolwn
Faban Mair sy'n wir Fab Duw . . .

Dyma gyfaill haedda'i garu
A'i glodfori'n fwy nag un . . .

O na bai gwellt y ddaear
Oll yn delynau aur,
I ganu'r Hwn a anwyd
Ym Methlehem gynt o Fair.

Dyma lle gweithiwn ni drwy
GYNGOR Y GENHADAETH FYD-EANG

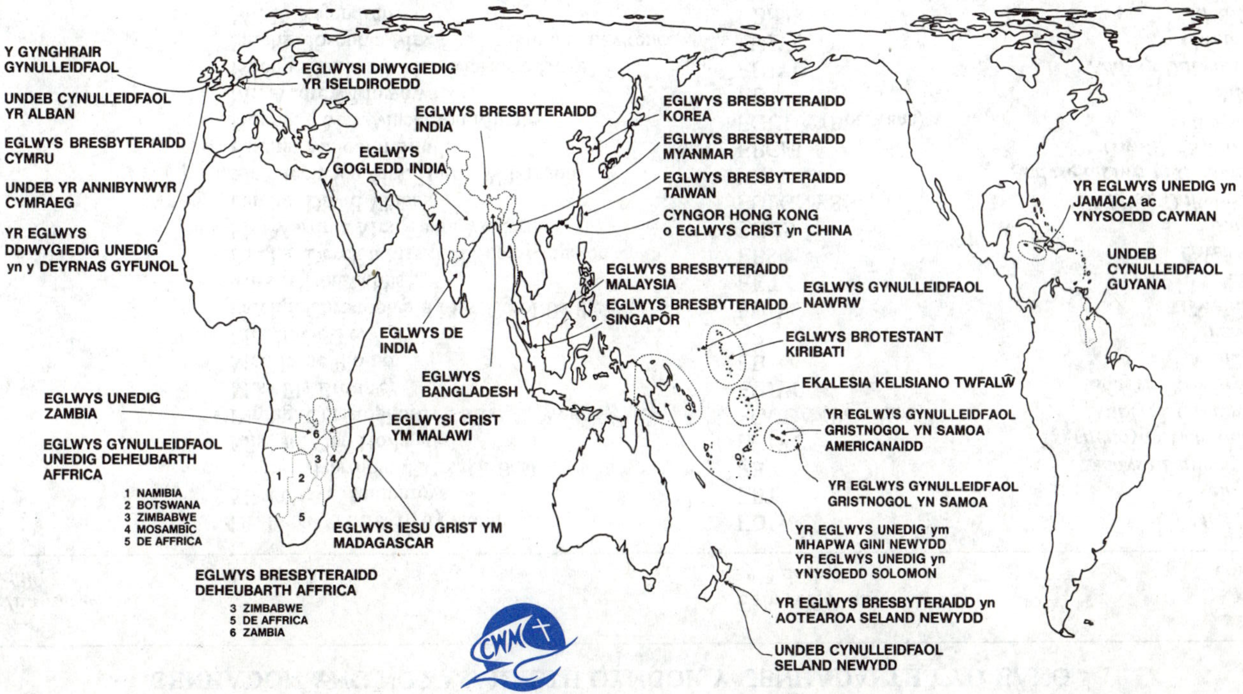

- Y GYNGHRAIR GYNULLEIDFAOL
- UNDEB CYNULLEIDFAOL YR ALBAN
- EGLWYS BRESBYTERAIDD CYMRU
- UNDEB YR ANNIBYNWYR CYMRAEG
- YR EGLWYS DDIWYGIEDIG UNEDIG yn y DEYRNAS GYFUNOL
- EGLWYSI DIWYGIEDIG YR ISELDIROEDD
- EGLWYS BRESBYTERAIDD INDIA
- EGLWYS GOGLEDD INDIA
- EGLWYS DE INDIA
- EGLWYS BRESBYTERAIDD KOREA
- EGLWYS BRESBYTERAIDD MYANMAR
- EGLWYS BRESBYTERAIDD TAIWAN
- CYNGOR HONG KONG o EGLWYSI CRIST yn CHINA
- EGLWYS BRESBYTERAIDD MALAYSIA
- EGLWYS BRESBYTERAIDD SINGAPÔR
- EGLWYS BANGLADESH
- EGLWYS CRIST YM MALAWI
- EGLWYS IESU GRIST YM MADAGASCAR
- EGLWYS BRESBYTERAIDD DEHEUBARTH AFFRICA
  - 3 ZIMBABWE
  - 5 DE AFFRICA
  - 6 ZAMBIA
- EGLWYS GYNULLEIDFAOL UNEDIG DEHEUBARTH AFFRICA
  - 1 NAMIBIA
  - 2 BOTSWANA
  - 3 ZIMBABWE
  - 4 MOSAMBIC
  - 5 DE AFFRICA
- EGLWYS UNEDIG ZAMBIA
- EGLWYS GYNULLEIDFAOL NAWRW
- EGLWYS BROTESTANT KIRIBATI
- EKALESIA KELISIANO TWFALŴ
- YR EGLWYS GYNULLEIDFAOL GRISTNOGOL YN SAMOA AMERICANAIDD
- YR EGLWYS GYNULLEIDFAOL GRISTNOGOL YN SAMOA
- YR EGLWYS UNEDIG ym MHAPWA GINI NEWYDD
- YR EGLWYS UNEDIG yn YNYSOEDD SOLOMON
- YR EGLWYS BRESBYTERAIDD yn AOTEAROA SELAND NEWYDD
- UNDEB CYNULLEIDFAOL SELAND NEWYDD
- YR EGLWYS UNEDIG yn JAMAICA ac YNYSOEDD CAYMAN
- UNDEB CYNULLEIDFAOL GUYANA

CENHADON YNG NGWASANAETH CYNGOR Y GENHADAETH FYD-EANG

Eglwys/Enwad sy'n anfon	Enwau	Eglwys/Enwad sy'n derbyn	Gwaith
EGA	Dr. Leslie a Mrs. Betty Robinson	EDI	*Meddygol*
EBC	Miss Carys Humphreys	EBT	*Gweinyddu*
EDIsel	Parchg. Baarthout a Mrs. G. Baak	EB	*Addysg Ddiwinyddol*
	Miss Jet Den Hollander	EUJYC	*Ysgrifennydd Cenhadaeth*
	Parchg. Christophorus a Mrs. A. Weijs	EGUDA (Botswana)	*Datblygu Cymunedol*
	Miss Els Brouwer	EUJYC	*Addysg Ddiwinyddol*
	Mrs. Irene Plomp	EB	*Meddygol*
	Mrs. J. Gosker	EB	*Meddygol*
EDdU	Parchg. Christopher a Mrs. Carol Baillie	EUJYC	*Gweinidog*
	Miss Alison Gibbs	EKT	*Addysg*
	Parchg. Derek a Mrs. Lai Leng Kingston	EBS	*Gweinidog*
	Mr. Martin a Mrs. Taara Vickerman	EGGS	*Addysg*
	Parchg. David Vincent	EUPGNYS	*Addysg Ddiwinyddol*
	Mr. Stephen a Mrs. Hardy Wilkinson	FJKM	*Addysg a Gwaith Cymunedol*
	Parchg. Malcolm Smith	EBCan	*Gwaith Cymunedol*
EUZ	Parchg. a Mrs. Mackeson Mutale	EGUDA (Botswana)	*Gweinidog*
	Mr. Andrew Muwowo	EB	*Addysg*
	Parchg. Hanoch a Mrs. Marjorie Duke	EUJYC	*Addysg Ddiwinyddol*
	Parchg. Joseph a Mrs. Shanthakumari Lawrence	EUJYC	*Gweinidog*
	Mr. R. Rajendran	EBrotK	*Rheolaeth*
	Mr. P. Johnson Jesudoss	EDdU	*Gwaith Heddwch a Chyfiawnder*
	Dr. C. Lawrence	EUJYC	*Addysg Ddiwinyddol*
	Mr. J.S.D. Ponnusamy	EDdU	*Addysg Ddiwinyddol*

Eglwys/Enwad sy'n anfon	Enwau	Eglwys/Enwad sy'n derbyn	Gwaith
FJKM	Mr. Samuel Ramoanjanahary	EUPGNYS	*Addysg*
	Mrs. Parfaite Ramoanjanahary	EUPGNYS	*Deintyddiaeth*
	Miss Z. Ranirianarivelo	EDdU	*Gwaith Cymunedol*
EBI	Parchg. a Mrs. Zaidarhzauva	EBT	*Gweinidog*
EGGS	Mr. Etisone a Mrs. Henrietta Tinetali Gafa	EUJYC	*Gweinidog*
	Parchg. a Mrs. T. Faaleava	EUJYC	*Gweinidog*
	Mr. I. Lagaaia	EUJYC	*Gweinidog*
	Mr. A. Eti	EUJYC	*Gweinidog*
EUPGNYS	Parchg. Touta a Mrs. Winnie Gauga	UCG	*Gweinidog*
	Mr. a Mrs. J. Hopa	EKT	*Addysg*
	Parchg. Bedero a Mrs. Kiragi Noga	EUJYC	*Gweinidog*
	Parchg. William a Mrs. Reah Numa	EUJYC	*Gweinidog*
	Mr. Joseph Painteitala	EBrotK	*Addysg*
	Mrs. Bessie Painteitala	EBrotK	*Addysg*
EBK	Parchg. a Mrs. Kim Dea Young	EGUDA/EBDA	*Gweinidog*
EUJYC	Parchg. M. Lewis-Cooper	EDdU	*Datblygiad*
Eciw	Mr. G. Dovydaitis	EBrotK	*Addysg*
	Mr. S. Ewurum	EBrotK	*Addysg*
	Parchg. Ddr. a Mrs. Bwalya Chuba	Botswana	*Addysg Ddiwinyddol*
	Parchg. Lee Hong Jung	Colegau Selly Oak, Birmingham	*Astudiaethau Cenhadol*
	Miss Mandy Perks	EUJYC	*Addysg*
	Parchg. Samuel Premph		*Caplan ym Mhrifysgol Ceredin*
	Miss Gillian Rose	EB	*Medygol*
	Dr. C.A. Parsons	EDI	*Puteindod ymysg Plant Sri Lanka*
	Mr. Andrew a Mrs. Rosemary Symonds	EB	*Addysg Ddiwinyddol*

EB	Eglwys Bangladesh
EBCan	Eglwys Bresbyteraidd Canolbarth Affrica
EBC	Eglwys Bresbyteraidd Cymru
EBDA	Eglwys Bresbyteraidd Deheubarth Affrica
EBI	Eglwys Bresbyteraidd India
EBK	Eglwys Bresbyteraidd Korea
EBS	Eglwys Bresbyteraidd Singapôr
EBT	Eglwys Bresbyteraidd Taiwan
EBrotK	Eglwys Brotestant Kiribati
EDI	Eglwys De India
EDIsel	Eglwysi Diwygiedig yr Iseldiroedd
EDdU	Eglwys Ddiwygiedig Unedig yn y Deyrnas Gyfunol
EGA	Eglwys Gynulleidfaol yr Alban
EGGS	Eglwys Gynulleidfaol Gristionogol Samoa
EGUDA	Eglwys Gynulleidfaol Unedig Deheubarth Affrica
EKT	Eglwys Twfalŵ
EUJYS	Eglwys Unedig Jamaica ac Ynysoedd Cayman
EUPGNYS	Eglwys Unedig Papwa Gini Newydd ac Ynysoedd Solomon
EUZ	Eglwys Unedig Zambia
FJKM	Eglwys Iesu Grist ym Madagascar
UCG	Undeb Cynulleidfaol Guyana
Eciw	Eciwmenaidd